Silke & Jan Neumann

EISREISE

Eiskalte Hochzeitsreise
Im Winter auf zwei Motorrädern ans Nordkap

TRAVELOVE

1. Auflage, August 2017

Lektorat & Satz: Petra Schmidt, www.lektorat-ps.com
Umschlaggestaltung: Katherina Pistorius; Janin Vilhauer
Bildbearbeitung: Katherina Pistorius; Janin Villhauer
Karte Copyright: Sarah Wanning, www.sarahwanning.de
Bildnachweise der Karte: motorama/Fotolia.com;
iconshow/Fotolia.com; alekseyvanin/Fotolia.com;
Alpár-Etele Méder, realstockvector/Fotolia.com
Bildrechte: Silke & Jan Neumann;
Simon Erath, www.erath-fotografie.de
Herstellung: http://europrint.cz
Verlag: traveLove Tallinn, www.traveLove.org

Bibliografische Information der Estnischen Nationalbibliothek:
Die Estnische Nationalbibliothek verzeichnet diese Publikation in der Estnischen Nationalbibliografie; detaillierte bibliografische Daten sind im Internet über http://www.nlib.ee abrufbar.

ISBN: 978-9949-819-56-0

www.travelove.org

TRAVELOVE

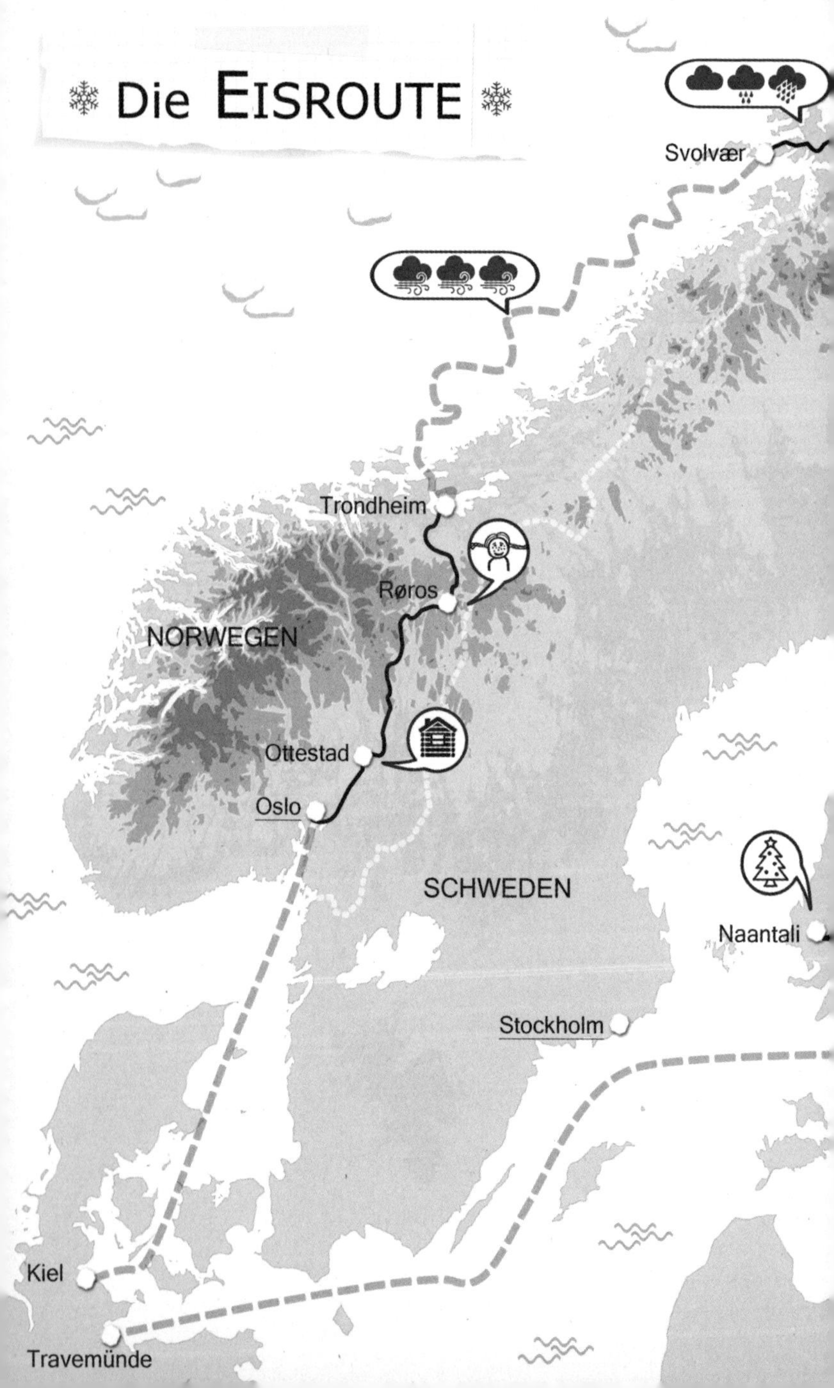
Die EISROUTE
Svolvær
Trondheim
Røros
NORWEGEN
Ottestad
Oslo
SCHWEDEN
Naantali
Stockholm
Kiel
Travemünde

Nordkap
Øksfjord
Alta
Kiruna
Enontekis Hetta
Rovaniemi
Pudasjärvi
Pyhäjärvi
Ruovesi
FINNLAND
Helsinki
N
W
E
S

ME KI 175

Über das Hochzeitspaar

Jan war schon vor dieser Eisreise mit dem Motorrad auf Spikes im Winter in Südnorwegen und fährt seit 1997 Motorrad. Von 2010 bis 2011 ist er in 20 Monaten mit dem Motorrad um die Welt gefahren. Seit 2008 nimmt Jan an internationalen Rallyes teil, wie zum Beispiel der Rallye Breslau in Polen, der Tuareg Rallye in Marokko, Rallye Dalmatia in Kroatien oder Balkan Offroad Rallye in Bulgarien. Reisen und Motorrad stehen ganz klar im Mittelpunkt seines Lebens und so ist klar, dass nur eine Frau Platz darin findet, die mindestens genauso viele Hummeln im Hintern hat und dafür sorgt, dass der Motorradfuhrpark größer statt kleiner wird.

❄

Silke hat es bis zu dieser Reise auch ohne Spikes geschafft, mit dem Motorrad heil durch den Winter zu kommen. Sie fährt seit 1999 Motorrad und spielt mit ihren Motorrädern vom ersten Tag an mit Vergnügen im Dreck. Jan hat Silke das erste Mal 2008 auf der Rallye Breslau gesehen, als sie angeblich an ihm vorbeigedüst sein soll. Fakt ist, dass Silke schon seit 2003 Startnummern an ihre Enduros klebt und das auch gern auf vielen internationalen Veranstaltungen wie bei der Tuareg Rallye, Rallye di Croatia, der Enduromania, Rallye Breslau, Rallye Dalmatia und Balkan Offroad Rallye tut. Silke kennt die ganze Welt, umrundet und bereist diese aber meist mit öffentlichen Verkehrsmitteln, gern aber auch auf zwei Rädern. Aufgrund ihrer hauptberuflichen Tätigkeit als Buchstabenjongleur ist sie die federführende Kraft dieses Buches.

Inhalt

PROLOG

„Abenteuer sind erstrebenswert."

Aristoteles

28.12.2015, Oslo: die alles entscheidende Frage

Wir sind spontan zwischen Weihnachten und Neujahr nach Oslo geschippert. Wir waren sowieso in Hamburg bei Jans Eltern zu Besuch, das Angebot war günstig und Oslo ist immer schön, sodass wir spontan los sind. Wie so oft, sind wir „mal eben schnell" unterwegs, nichts Besonderes eigentlich. Doch diese kurze Alltagsflucht, diese spontane Kurzreise wird uns beiden für immer in Erinnerung bleiben. Sie legt den Grundstein für eine ganz besondere Reise: die Eisreise.

Am Abend des 28.12.2015 laufen wir durch das stimmungsvoll beleuchtete Oslo hoch zum Schloss. Die Aussicht von dem Hügel hinunter auf die weiß verschneite und weihnachtlich glitzernde Stadt ist hochromantisch und wunderschön. Als Jan plötzlich vor mir im Schnee auf die Knie fällt und fragt: „Willst du mich heiraten?", halte ich es für einen Scherz. Jan und heiraten?

„Meinst du das ernst?“

Jan wiederholt seine Frage und zückt einen Ring, den er aus Alufolie gebastelt hat. Er meint es ernst. Und ich auch: Ja, ich will!

❄

29.12.2015, Oslo: Eine verrückte Idee?

Der erste Morgen als Verlobte. Es geht zurück nach Deutschland, wir sitzen im Fährterminal und warten darauf, an Bord gelassen zu werden. Wer heiratet, braucht auch eine Hochzeitsreise, stellen wir fest. Doch wohin? Wir haben beide schon die Welt gesehen, irgendwie reizt uns zurzeit nichts wirklich. Eine Hochzeitsreise soll ja etwas ganz Besonderes sein. Wir können uns keine klassische Hochzeitsreise vorstellen, die Idee eines Urlaubes auf den Malediven oder an anderen weißen Sandstränden ist für uns abschreckend langweilig. Wir sind ratlos. Wohin sollen wir fahren? Brauchen wir überhaupt eine Hochzeitsreise? Doch, schon, überlegen wir. Das macht man ja so. Oder nicht?

Wir beobachten, wie die Autos an Bord der Fähre rollen, viele von ihnen verursachen rasselnde Geräusche, wenn ihre Reifen mit Spikes auf den Metallplanken abrollen. Jan war schon mal mit dem Motorrad und Spikes im Winter in Skandinavien. Irgendwann will ich auch mal mit einem Motorrad durch den Schnee pflügen. Habe ich das gerade laut gesagt? Plötzlich ist die Idee für die Hochzeitsreise da: Wir fahren mit Spikes im Schnee herum! Auf zwei Motorrädern! Bloß wo? Und wohin? Irgendwie fahren „alle“ Motorradfahrer ja ans Nordkap, mich jedoch hat es bislang nicht dorthin gezogen. Und genau das ist die Idee. Unsere Hochzeitsreise wird im Winter mit zwei Motorrädern auf Spikes ans Nordkap führen! Was zunächst nach verrückter Idee klingt, wird im Laufe des Tages zum festen Plan. Mit der Bekanntgabe unserer Verlobung werden wir auch den Plan für die Hochzeitsreise kundtun.

❄

10.03.2016, Krefeld: Ein Fahrzeug muss her!

Die Hochzeitseinladungen sind gedruckt und verschickt, der Plan steht. Wir fahren diesen Winter ans Nordkap, die „offizielle Hochzeitsnacht" soll im Eishotel bei Kiruna in Schweden stattfinden. Jan und ich sind erfahrene Winterfahrer, jeder kann auf viele tausend Winterkilometer auf zwei Rädern zurückblicken. Und jeder hat unterschiedliche Erfahrungen gemacht. Und so hat auch jeder sein eigenes Fahrzeugkonzept. Wir haben die vergangenen Monate die Temperaturen entlang unserer anvisierten Reiseroute verfolgt und planen nun mit Tagestemperaturen bis zu -30 °C.

Jan vertraut seiner XT750Z Super Ténéré, ich bin der Meinung, das ist zu kalt für den Elektrostarter, ich möchte mit einem Kickstarter-Motorrad fahren. Davon habe ich zwar zwei in der Garage, doch ich erachte keine als tauglich: Die 32 Jahre alte Yamaha Ur-Ténéré XT600Z 34L ist noch im absoluten Originalzustand, ohne ein einziges Gramm Rost. Sie hat zwar Kickstarter, aber absolutes Schlechtwetter- und Winterverbot. Dann steht da noch meine Yamaha WR250F, die sogar über einen Elektro- und Kickstarter verfügt, doch die Idee, auf einer Dreckfräse mit 250 ccm bis zum Nordkap zu reisen, gefällt mir gar nicht: zu viel Arbeit, diese reinrassige Sportenduro zum Reisemotorrad umzubauen! Viel zu wenig Komfort!

Wenn ich nur an die Sitzbank denke, die bei solchen Wettbewerbsfahrzeugen eher nur zum gelegentlichen Absetzen des Hinterteils, jedoch nicht wirklich zum Sitzen gedacht ist ... Nein, ich habe kein passendes Fahrzeug im Stall.

Nach Wochen des Nachdenkens bin ich nun zu dem Entschluss gekommen: Es wird eine 23 Jahre alte Suzuki DR350S. Ihre 27 PS und 350 ccm sind zwar nicht wirklich spitzenmäßig, aber Motorcharakteristik und Sitzbank sind reisetauglich. Und einen E-Starter gab es damals noch gar nicht. Eine Freundin, Anke, verkauft mir ihre DR350 zu einem absolut fairen Preis und im zuverlässigen und ehrlichen Zustand. Ankes Motorrad wird das Hochzeitsreisefahrzeug!

Die kleine Suzuki braucht einen Namen. Ich poste ihr Foto auf Facebook und der britische Motorradreisende und Autor Graham Field, der gerade seine Kawasaki KLR „Zee Ben" (KLR Nummer sieben) getauft hat, schlägt den Namen „Pet" vor. Der Name passt: Pet bedeutet „fünf" unter anderem auf Russisch, die kleine zarte Suzuki ist eindeutig ein Mädchen, süß wie ein Haustier (englisch: pet) und zufällig auch noch die fünfte Suzuki DR, die auf mich zugelassen wird und zurzeit sogar mein fünftes Motorrad in der Garage.

Somit stehen die Fahrzeuge fest: beide Motorräder Japaner, beide Motorräder über 20 Jahre alt. Kein Schnickschnack, sondern bewährte Technik. Pet hat kein Vermögen gekostet, für 1.650 € habe nun auch ich ein Eisreisemotorrad. Ob ich mit ihrem kleinen Motörchen und der fast nicht vorhandenen Leistung jedoch auch auf langer Strecke zufrieden bin, weiß ich noch nicht. Aber selbst, wenn nicht: Die Würfel sind gefallen: Pet reist ans Nordkap!

❄

14.05.2016, Molzbichl, Kärnten: kleine Pet auf großer Fahrt

In drei Tagen habe ich Geburtstag, und während ich in den letzten sechs Wochen mit dem Zug in der Mongolei und Russland unterwegs war, hat Jan mir die kleine Pet aufgehübscht. Vor 17 Jahren hatte ich schon mal eine DR350, allerdings nicht zum Reisen, sondern für den ausschließlichen Einsatz im Gelände. Damals war eine DR350 eine Wettbewerbsenduro, die sogar Meistertitel einfuhr! Heute, in Zeiten von KTM EXC oder Yamahas WR-Modellen eigentlich unvorstellbar! Jan hat sich an einem Foto meiner ersten DR350 orientiert und auf dessen Basis Pet sehr ähnlich hergerichtet. Pets Verwandlung zu einem „Zwilling in Blau“ meiner verflossenen, damals gelben DR ist mein verfrühtes Geburtstagsgeschenk. Bei einer kurzen Probefahrt von der Garage nach Hause fühle ich mich um mindestens 17 Jahre jünger, Erinnerungen werden wach. Kurioserweise fahre ich bis heute noch mit derselben Jacke und denselben Handschuhen wie damals.

Die erste große Fahrt von Pet und mir steht an. Jan und ich möchten in den kommenden drei Wochen durch die Balkanländer reisen. Statt meiner BMW soll Pet mit, um zu zeigen, was sie kann. Die Route ist noch völlig unklar. Klar ist eigentlich nur, dass wir gestern schon losfahren wollten und heute mit einem Freund in 927 km Entfernung verabredet sind. Gestern addierten sich jedoch die Staus auf unserer Etappe zu einem Horrorszenario, sodass wir beschlossen hatten, erst heute früh zu starten. Wir sind es beide gewohnt, sehr lange Strecken on- wie offroad zurückzulegen, aber erst, als ich die kleine Pet im Hof stehen sehe, realisiere ich, heute 927 km mit 27 PS und nur 350 Kubik meistern zu müssen! Daran hatte ich gar nicht gedacht. Pet ist das kleinste Motorrad, was ich jemals auf Straße gefahren bin – und damit gleich 927 km nonstop? Es bleibt mir nichts anderes übrig. Pet springt an und wir rollen los.

Elf Stunden später kommen wir völlig entspannt in Kärnten an. Die kleine Pet hat mir gezeigt, dass sie auch das schafft. Und ich habe gemerkt, dass die neue Sitzbank zu meinem Hintern passt und Pets kleines Motörchen völlig ausreichend ist. Wir sind sogar geblitzt worden. Unglaublich, mit 27 PS! Pet hat die Prüfung bestanden, ich tätschele ihr über den Tank und gebe ihr einen Klaps aufs Heck. Wir zwei sind nun Freunde.

❄

17.05.2016, Kotor, Montenegro: Pet beweist Größe

Es ist mein 40. Geburtstag und wir sind seit drei Tagen zu dritt unterwegs. Unser Freund Andreas, mit dem wir vor drei Tagen in Kärnten verabredet waren, ist mit einer R1200GS Adventure unterwegs. Eigentlich dachte ich nur an einen netten gemeinsamen Abend, aber am nächsten Morgen konnte er mich davon überzeugen, dass 100 PS und 850 ccm Unterschied kein Hindernis darstellen, um gemeinsam Spaß zu haben. Er hatte recht behalten. Pet und das Riesenschlachtschiff trennen zwar Welten, aber das Fahrtempo auf den kleinsten Straßen des Balkans ist gleich. Das findet auch die Polizei in Bosnien-Herzegowina, die Andreas und mich auf den sehr ungleichen Motorrädern wegen Raserei anhält. Jan auf seiner Suzuki DR650RSE, genannt „Oskar", bleibt grinsend zurück, er fuhr ordentlich. Pet hat heute wieder mal bewiesen, dass es weder Leistung noch Hubraum braucht, um (zu) flott unterwegs zu sein. Hatte ich doch vor ein paar Tagen noch das moderne Fahrwerk meiner BMW oder WR vermisst, so habe ich mich nun daran gewöhnt, ein etwas weicheres und weniger straffes Motorrad zu fahren. Ich bin mir nun ganz sicher: Pet ist das perfekte Fahrzeug für die Fahrt zum Nordkap!

❄

23.07.2016, Krefeld: Wir sagen Ja!

Wir feiern Hochzeit! Pet ist nicht dabei, aber wir sind in Gedanken schon ganz bei der Hochzeitsreise. Unsere Idee: Wir möchten keine Sachgeschenke zur Hochzeit, sondern finanzielle Unterstützung zur Verwirklichung der Hochzeitsreise. Unsere Philosophie: Unser gesamter Besitz muss in eine Garage passen! Jedes Sachgeschenk ist daher grundsätzlich hinderlich. Weil wir bei manchen Dingen selbst noch nicht genau wissen, welche Ausrüstungsgegenstände für die Reise sinnvoll sind, können wir uns auch keine konkreten Dinge wünschen. Wir haben stattdessen online eine interaktive Liste erstellt, auf der uns unsere Verwandten, Freunde und

Hochzeitsgäste den Gegenwert einzelner Bestandteile der Reise schenken können. Es gibt für jeden Geldbeutel große Auswahl, vom Snack auf der Fähre für 10 € bis hin zum ganzen Fährticket für 250 € – unsere Gäste kaufen sich virtuell in unsere Hochzeitsreise ein.

Ein Teil der Hochzeitsdekoration ist eine große Landkarte von Skandinavien, auf der wir die voraussichtliche Route eingezeichnet und mit Aufklebern die Spenden und ihre Spender darauf markiert haben. So sieht jeder Gast, welche Fahrtstrecke er mit seinem Spritgeld finanziert, wo für das geschenkte Geld übernachtet wird sowie die vorfinanzierten Ausrüstungsgegenstände auf Fotos. Unsere Freunde sind super kreativ und stecken uns ihren Beitrag zur Hochzeitsreise nicht einfach schnöde in einem Umschlag zu, sondern basteln wie die Weltmeister: Ein mit Münzen gefülltes Schubkarrenrad mit aufgeklebten Reißzwecken symbolisiert einen Spikereifen, aus Pappmaché und Styropor entstanden Eishotels, Spielzeugautos und Plastikmotorräder fahren in Schuhkartons durch Winterlandschaften aus Watte, auf einem Pappteller liegen Pommes und Bratfisch aus Geldscheinen gefaltet, etwas Spritgeld ist in einem riesigen Eisblock eingefroren, Lammfellsohlen auf Grillkohlen veranschaulichen beheizte Schuhsohlen – jedes Geschenk ist einzigartig! Am Ende werden wir insgesamt knapp 5.000 € zusammenbekommen, denn wir haben uns zu meinem runden Geburtstag, zum Polterabend und zur Hochzeit nichts anderes gewünscht als eine finanzielle Beteiligung an der Reise. Wir sind überwältigt von der Kreativität und Unterstützung unserer Freunde, Familie und Gäste.

❄

20.09.2016, Krefeld: der Umbau beginnt

Die Stollenreifen sind geliefert, ein Karton Spikes dazu auch. Wir können mit der Vorbereitung der Motorräder beginnen. Jan beschließt, sein weißes Motorrad „Flöckchen“ zu taufen und in den letzten Monaten hat sich auch ein prägnanter Name für die außergewöhnliche Hochzeitsreise gefunden: Eisreise!

So, wie jeder von uns eigene Erfahrungen im Winter auf zwei Rädern gesammelt hat, beginnt auch jeder, aufgrund dieser persönlichen Überzeugungen ein eigenes Wintermotorrad aufzubauen.

Jan hat es da leichter. Sein Flöckchen hat eine vergleichsweise riesige Lichtmaschine, die genug Leistung bringt, um zusätzliche Scheinwerfer und elektrische Heizbekleidung problemlos betreiben zu können.

Meine Pet wurde ursprünglich als Wettbewerbsenduro konzipiert und hat daher nur eine Minimalelektrik, die ich den gesamten Sommer über ohne Batterie und nur mit Kondensator betrieben habe. Pets Lichtmaschine bringt nur 180 Watt Leistung, alleine der Frontscheinwerfer zieht mit seinen 55 Watt ordentlich Strom. Addiert man Blinker, Rücklicht, Cockpitbeleuchtung und Zündung hinzu und schaltet dann noch das Aufblendlicht an, so ist die Leistung der kleinen Lichtmaschine völlig ausgereizt. Doch ich brauche auch zusätzliche Scheinwerfer, wir werden einen Großteil der Strecke im Dunkeln zurücklegen und haben keine Lust auf eine unsanfte Begegnung mit Elch oder Rentier. Ich habe mir außerdem eine Heizweste gekauft und möchte meine uralten Heizhandschuhe anschließen. Dazu hat jeder von uns noch ein Heizvisier am Helm. Und all das muss mit der Zwergenlichtmaschine der kleinen Pet betrieben werden!

In den letzten Wochen habe ich mich schlaugemacht und gerechnet. Wenn ich konsequent alle Lampen an Pet durch LED-Beleuchtung ersetze, dann habe ich genug Strom, um wirklich alle Verbraucher auf voller Leistung betreiben zu können. Rein theoretisch und rein rechnerisch. Die Zukunft wird zeigen, ob Theorie und Praxis miteinander übereinstimmen. Im Anhang finden interessierte Leser übrigens einen Überblick der Vorbereitungen, die an beiden Motorrädern für die Eisreise nötig waren.

❄

04.10.2016, Köln: Wir haben ein Projekt!

In Köln findet die riesige Motorradmesse „INTERMOT" statt und ich will mich am Fachbesucher-Tag ganz in Ruhe bei den großen Ölfirmen informieren, welches Öl wir auf dem langen und eisig kalten Weg zum Nordkap nutzen müssen. Ich nutze die Gelegenheit für eine kleine Probefahrt mit Pet im Winteroverall. Im T-Shirt, damit ich merke, wo es reinpfeift. Es pfeift nirgends rein, aber Oktober ist eindeutig zu kalt für eine Fahrt im T-Shirt unter dem Overall! Nun gut, bin ich also als Eiszapfen auf der Messe, vielleicht wirkt das glaubwürdiger.

Ich wirke leider alles andere als glaubwürdig. Ich klappere einen Ölhersteller nach dem anderen ab und wiederhole überall mein Anliegen:

„Ich fahre im Winter mit einem 23 Jahre alten Einzylinder ans Nordkap und erwarte Tagestemperaturen um die -30 °C. Welches Öl empfehlen Sie?"

Ich ernte müdes Lächeln und sammele nichtssagende Werbeprospekte mit abschätzenden Worten und Blicken. Ich bin enttäuscht und müde. Aber auch wütend. Warum fertigt man mich so geringschätzig ab? Ich bin ganz sicher nicht der erste Mensch, der das vorhat, warum nimmt mich niemand ernst?

Gott sei Dank treffe ich Stefan Hessler von „Hessler Motorsport". Er ist spezialisiert auf Suzuki DR-Motorräder und wir kennen uns schon seit fast 20 Jahren. Er weiß, dass die Reise zum Nordkap keine Spinnerei ist, er kennt mich gut genug, um zu wissen:

Das ist nur eine weitere außergewöhnliche Reise in meiner Lebensgeschichte. Stefan arbeitet in seiner Werkstatt mit Produkten von „Putoline“ und läuft mit mir zurück zu deren Stand, an dem ich zuvor schon stumpf mit einem Werbeblättchen abgespeist worden bin. Stefan versichert dem Verantwortlichen, dass es sich nicht nur um eine dumme Idee handelt, sondern dass diese Reise wirklich stattfinden wird. Und siehe da, er stößt auf offene Ohren. Es stellt sich heraus, dass der Holländer Sjaak Lucassen, der mit seiner Yamaha R1 um die Welt fuhr, ebenfalls Öl von Putoline nutzte, um im Winter ans Nordkap und ans Nordpolarmeer zu fahren. Man ist bei Putoline also eigentlich solche Ideen gewöhnt.

Ob wir auch Aufkleber auf unsere Motorräder kleben würden und ob die Chance bestünde, eine Veröffentlichung über die Reise zu realisieren, will der Verantwortliche wissen. Ich arbeite als freie Redakteurin unter anderem für eine deutsche Motorradzeitschrift, das „DirtBiker Magazine“, und in der Februarausgabe sind schon sieben Seiten fest für diese Story eingeplant. Das gefällt Putoline und plötzlich haben wir ein „Projekt“! Putoline stellt uns das Öl zur Verfügung. Und ich bekomme sofort eine Softshelljacke geschenkt, über die ich mich fast mehr freue als über das Öl. Ich muss auf Pet ja im Dunkeln wieder heimwärts – und im T-Shirt war es schon morgens alles andere als angenehm gewesen …

Jan ist begeistert. Wir haben ein Projekt! Ich bin auch begeistert, knabbere aber noch seelisch daran, dass ich es allein nicht geschafft habe, auch nur irgendeinem „Ölverantwortlichen“ glaubhaft zu versichern, dass ich keine Märchen erzähle, sondern wirklich im Winter ans Nordkap fahren werde. Und das auch noch am eigentlich entspannten Fachbesucher-Tag der Messe. Ich halte ja wenig von Feminismus, aber da hege ich nun doch den Verdacht, dass man mir die Geschichte eher geglaubt hätte, wenn ich nicht gerade eine 1,68 m kleine blonde, zart gebaute Frau wäre. Egal, denen zeige ich es allen! Pet und ich schaffen das!

❄

21.10.2016, Krefeld: Die Eisreise geht online!

Nachdem Putoline unsere Hochzeitsreise in den Status eines „Projektes" erhoben hat, schwirrt uns der Kopf. Weil unsere Hochzeitsgäste die Eisreise finanziert haben, sollten sie auch an der Reise teilhaben können. Dazu wollten wir unser am Hochzeitstag neu eröffnetes privates Reiseblog nutzen, um dort von unterwegs alle „finanziellen Teilhaber" die Reise miterleben zu lassen. Nun, da Putoline mit an Bord ist, können wir die Reise nicht mehr privat auf den Freundeskreis beschränken, wir müssen einen öffentlichen Webauftritt schaffen. Ich schustere schnell unsere „Eisreise-Seite" www.eisreise.wordpress.com zusammen, auf der wir vom Aufbau der Motorräder, unserer Ausrüstung und den Vorbereitungen berichten.

Das Wort „Projekt" spukt uns im Kopf herum und bei einem E-Mailwechsel mit der Berliner Manufaktur für Heizbekleidung „Heizteufel" erwähne ich das. Überraschenderweise möchte auch Heizteufel Teil des Projektes werden und berechnet uns für die vor Wochen bestellten Paar neue Heizhandschuhe für mich und Heizschuhsohlen für Jan nur die Hälfte. Wir sind überrascht und beeindruckt, welche Wellen unsere Hochzeitsreise schlägt. Eigentlich hatten wir nur deshalb bei Heizteufel bestellt, weil ich in meiner „Karriere" als Winterfahrer schon so viele verschiedene Heizhandschuhe verschlissen habe und nur die von Heizteufel seit über zehn Jahren einwandfrei funktionieren, jedoch handelt es sich um beheizte dünne Unterziehhandschuhe. Für die Eisreise habe ich entschieden, beheizte wasserdichte Winterhandschuhe zu nutzen.

Wir entschließen uns außerdem nach langem Hin und Her, auf dieser Reise zum ersten Mal überhaupt Intercoms auszuprobieren, um während der Fahrt von Motorrad zu Motorrad kommunizieren zu können. Damit kennen wir uns gar nicht aus und lassen uns beim örtlichen BMW-Händler auf dem „Oktoberfest" von einem Händler die „SENA"-Geräte erklären und sind begeistert. Bei der weiteren Onlinerecherche bzgl. der Intercoms stoßen wir auf die Produktbeschreibung. In der steht allerdings „funktionstüchtig bis -10 °C", wir erwarten jedoch das Dreifache dieser Tiefsttemperatur. Ob das dann lohnt? Billig ist der Kram ja nicht. Ermutigt von unseren Erfahrungen mit Putoline und Heizteufel schreibe ich eine freche E-Mail an den Kundenservice von SENA, ob wir die Geräte bei -30 °C einmal ausprobieren dürfen. Noch am Wochenende kommt die Antwort: Aber klar doch! Ob wir auch die Actionkameras testen wollen. An Videomaterial hatten wir zwar noch gar nicht gedacht, aber warum nicht?

Das „Projekt Eisreise" ist nun gewachsen. Wir haben leider im Bekanntenkreis Menschen, die gern von Firmen kostenlose Ausrüstung erbetteln, dafür aber wenig Erkenntlichkeit zeigen. Wir möchten nicht mit genauso leeren Versprechungen handeln, sodass klar ist: Wir haben Ausrüstung im Wert von mehr als 1.000 € erhalten und müssen nun auch Gegenleistung liefern. Mit den neuen Actionkameras werden wir also Videos machen, die Jan unterwegs schneiden muss. Um nicht nur für Freunde im Blog schnelle Handyfotos, sondern auch gute Reisefotos für unsere Sponsoren liefern zu können, müssen ein neuer Reiselaptop für Jan und eine neue Spiegelreflexkamera mit aktueller digitaler Auflösung her.

❄

19.11.2016, Moskau: Es geht um die Wolle!

Jan hat Geburtstag und wir sind mitsamt der neuen Spiegelreflexkamera in Moskau. Die eigentliche Idee ist, den Geburtstag mit einem schönen Abend im Bolschoi Theater und einer Ballettaufführung der Kameliendame zu krönen, doch bis dahin verbringen wir den Tag mit Erkundungen: Was nutzen die Russen, um seit Generationen ohne komplizierte Technik durch den sibirischen Winter zu kommen?

Egal, wo wir fragen oder schauen - Yakwolle oder Schafwollfilz ist die Antwort. Weil ich in den letzten zwei Jahren viermal in der Mongolei war, sind unsere Schränke gut mit dicken Yakwollsocken gefüllt. Da sind wir gut ausgerüstet. Weil die Skandinavier jedoch auf Lammwollfrottee schwören und Russen auch noch auf Schafwollfilz, kaufen wir je ein Paar Schurwollsocken mit dicker Wollfrotteesohle. Dazu wird Jan noch Heizsohlen vom Heizteufel über Bordnetz laufen lassen, ich habe mich für beheizte Sohlen mit Spezialakkus entschieden. In Kombination mit den Socken sollte das reichen. Den Tipp mit dem russischen Vodka werden wir auf den Motorrädern wohl eher nicht umsetzen …

❄

03.12.2016, Munchhausen, Elsass: 1.000 km Eisnebel durch Deutschland

Pet und Flöckchen sind bereit. Bis auf die Stollenreifen mit den Spikes sind beide Motorräder fertig vorbereitet. Fertig für eine Fahrt durch den Winter. Das gute vollsynthetische Putoline-Öl schwappt in den Motoren, die Heizbekleidung ist angeschlossen, Stulpen, Windschutzscheibe und Schaffelle sind montiert, die Akkus der Intercoms in den neuen

Helmen integriert, die Akkus alle voll geladen, die neuen Heizvisiere installiert – es geht auf 1.000 km Probefahrt durch den deutschen Winter.

Der Wettergott hat uns optimales Testwetter vorbereitet. Bei -6 °C und Eisnebel starten wir in die Dämmerung Richtung Elsass. Wir sind unterwegs zu einer Motorradparty bei Freunden und dort wahrscheinlich die Einzigen, die bei diesen Wetterbedingungen tatsächlich auf Achse anreisen. Auf der Autobahn ernten wir viele staunende Blicke und anerkennende „Daumen hoch"-Gesten. Das Wetter ist wirklich alles andere als motorradtauglich, aber es könnte nicht besser sein, um das Equipment zu testen.

Als es richtig dunkel ist, schalte ich die komplette LED-Beleuchtung von Pet ein. Wow! Ich leuchte damit gefühlt die ganze Autobahn aus – vorausgesetzt, wir fahren nicht in einer der unzähligen Eisnebelschwaden, die uns und unser Gepäck mit einer weiß glitzernden Schicht bedecken. Es ist für uns auch die erste Fahrt mit den neuen Intercoms. Auf den ersten Kilometern beschränkte sich unsere Kommunikation nur auf Dinge wie: „Auf welcher Stufe hast du deine Heizweste?" oder „Wo ist noch mal der Kippschalter für den Zusatzscheinwerfer?", doch nach einer Pipipause im Dunkeln kommt schon die erste Situation, bei der wir merken: gar nicht so doof, wenn man sich unterwegs von Motorrad zu Motorrad unterhalten kann – und das auch noch auf größere Distanz! Ich fahre vorne, weil ich mit Pets kleinem Motor das Fahrtempo vorgebe. Als ich auf dem unbeleuchteten Parkplatz Pet ankicke, frage ich über Intercom: „Können wir los?" Jan bejaht und ich gebe der kleinen Pet die Sporen, um sie auf dem Beschleunigungsstreifen auf annähernd 100 km/h zu bringen und mich nicht als Verkehrshindernis auf die rechte Spur der Autobahn einzufädeln. Das Licht hinter mir ist viel zu groß, das ist nicht Jan, das ist ein Lkw! Wo ist Jan? Verwirrt rufe ich ins Intercom: „Wo bist du?" Jan erklärt, er stehe noch auf dem Parkplatz, habe Kabelsalat und versuche, diesen gerade im Dunkeln zu lösen, er käme gleich nach. Ohne Intercom wäre ich wohl im Dunkeln auf der Autobahn rechts ran gefahren, nicht gerade sicher! Wir sind schon nach 250 km überzeugt: Mit „Knopf im Ohr“ ist gar nicht schlecht. Wir müssen nur noch eine Lösung finden, um solchen „Kabelsalat im Dunkeln“ in Zukunft zu vermeiden. Eine separate Cockpitbeleuchtung vielleicht?

Als wir im Elsass ankommen, sind wir zwar fast schon zu spät für die Party, doch das ist nicht schlimm. Alles hat hervorragend funktioniert und auch unseren alten Motorrädern schmeckt das neue Putoline-Öl gut. Am Ende des Wochenendes und nach gut 1.000 km wird keines der beiden Motorräder auch nur einen Tropfen Öl verbraucht haben. Wir sind mehr als zufrieden. Es kann losgehen! Fehlen nur noch die Spikes.

❄

11.12.2016, Krefeld: lahme Arme und 558 Spikes

Es ist der zweite Nachmittag, den ich in der Garage damit verbringe, insgesamt 558 einzelne Spikes mit der Bohrmaschine und einem speziellen Aufsatz in die Stollen der Reifen zu schrauben. Jan hat schon vor ein paar Wochen Flöckchens Reifen bestückt. Ich hatte an meiner kleinen Pet noch andere Arbeiten zu erledigen und merke, dass ich die Spikes besser nach und nach, jeden Tag ein paar, hätte eindrehen sollen, anstatt 558 Stück in zwei Tagen. Ich habe Muskelkater in den Armen, weil sich das Gewinde der Spikes nur unter starkem Druck richtig in das Gummi des Reifens frisst. Aber da muss ich nun durch, es sind nur noch zehn Tage bis zur Abfahrt. Wenn jetzt etwas schiefgeht, wäre noch genug Zeit. Nichts geht schief, am Abend steht nun auch Pet auf Spikes in der Garage, die Motorräder sind beide komplett startklar.

Wir stehen am Garagentor und schauen auf Pet und Flöckchen. In den vergangenen Wochen haben wir fast jeden Abend in der Garage verbracht, jeder hat mit viel Enthusiasmus sein eigenes Eisreisemotorrad aufgebaut und seine eigenen Ideen erfolgreich umgesetzt. Jeder Abend an sich war trotz der Kälte in der Garage schön. Es hat uns beiden unglaublich viel Spaß gemacht, an den Motorrädern zu basteln, Ideen zu entwickeln, sie zu verwirklichen und wieder zu verwerfen, in aller Ruhe gemeinsam zu schrauben, zu planen und zu träumen. Die Zeit der Vorbereitung ist nun vorbei, jetzt wird es ernst! Ein bisschen wehmütig sind wir. Das gemeinsame Basteln war wirklich eine schöne Zeit der Zweisamkeit, die wir beide sehr genossen haben. Was kommt jetzt?

ES GEHT LOS!

„Fahre in die Welt hinaus. Sie ist fantastischer als jeder Traum.“

Ray Bradbury

22.12.2016, Hamburg: Es geht los!

Die Motorräder stehen fest verzurrt im Auto, das Gepäck daneben, die Klamotten sind gepackt. Es ist in Deutschland verboten, mit Spikes zu fahren, auch wenn es wirklich Winter mit Schnee und Eis ist. Es ist zwar Winter, aber Schnee und Eis sind wieder geschmolzen, es ist einfach nur ein grauer, trister deutscher Wintertag mit Temperaturen um den Gefrierpunkt. Die erste Etappe unserer Reise ist also durchaus komfortabel. Jans Iveco Daily namens „Kluti" bringt uns mit warmem Heizungsgebläse in nur vier Stunden nach Hamburg, wo bei Jans Eltern ein vorgezogenes Weihnachtsfest auf uns wartet, das erste von drei Weihnachten auf dieser Reise.

Das Christkind hat für Jan noch ein Schaffell gebracht, das so groß ist, dass damit nicht nur Flöckchen eine wintertaugliche Sitzbank bekommt, sondern auch die kleine Pet ein neues Fell hat, denn ihres ist seit einer etwas näheren Begegnung mit der Gasheizung der Garage nicht mehr ganz so schön, wie es war.

Unsere Eltern sind aufgeregter als wir selbst. Mein Vater hat Skandinavienkarten neben dem Telefon liegen, um unsere Route „in Echtzeit" mitzuverfolgen. Jans Vater sorgt sich um unsere Sicherheit, Jans Mutter ist besorgt, ob wir auch wirklich nicht frieren werden. Wir selbst haben nur eine Übersichtskarte in Papierform dabei, den Rest machen wir digital. Um unsere Sicherheit und die Kälte machen wir uns keine Gedanken, wir sind einfach nur müde und etwas erschöpft von den Vorbereitungen und dem Weihnachtsstress, Sorgen haben wir gar keine, denn wir wissen aus Erfahrung: Auf Reisen wird es sich immer richten. Wir verschicken letzte Weihnachtsgrüße an Freunde und Verwandte und kuscheln uns auf dem Klappsofa zusammen. Morgen geht es „richtig" los, wir sind bereit!

❄

23.12.2016, Travemünde: Minikreuzfahrt auf der Ostsee

Jan stellt fest, dass seine Schuhspikes daheim in Krefeld liegen. Da liegen sie gut, wirklich gut, trocken und sicher und werden bestimmt nicht geklaut und gehen auch nicht kaputt ... Jans Mama kramt ihre eigenen Spikes heraus, jedoch bestehen die aus sicherlich wirksamen Metallketten, die sich aber in den Metallzähnen der Fußraste verfangen könnten und daher nur als „Notfallausrüstung" im Gepäck verschwinden. Wir haben Glück, der örtliche Kaffeeröster hat gerade Schuhspikes im Angebot, allerdings mit Metallspiralen, die zwar weniger „verfänglich" als die Ketten aussehen, uns aber dennoch skeptisch machen. Egal, besser als nichts.

Auf der Fahrt zum Hafen nach Travemünde fällt uns noch ein, dass wir auch die Wäscheklammern vergessen haben, mit denen wir die Plastikponchos befestigen möchten, um unsere Motorräder bei nächtlichem Schneefall damit abzudecken. Außerdem sind wir uns nicht ganz sicher, ob wir ein Feuerzeug dabei haben, um den Campingkocher in Gang zu bringen. Der Kocher soll uns ja nicht nur Teewasser machen, sondern im Notfall auch für Wärme sorgen. Wir sind so ausgerüstet, dass wir im Notfall auch bei großen Minustemperaturen draußen übernachten könnten. Wenn es nachts kälter wird als -32 °C, müssen wir mit dem Kocher das Motoröl vorwärmen, damit es pumpfähig wird.

Also schaffen wir die 70 km lange Etappe von Hamburg nach Kiel doch nicht nonstop und halten an einem Drogeriemarkt. Aber dann haben wir wirklich alles beisammen und kommen rechtzeitig in Kiel an, um in aller Ruhe einen günstigen und sicheren „Schlafplatz unter der Brücke" für Kluti zu finden.

Die Abfahrt mit der Fähre von Travemünde nach Finnland und die Rückkehr von Norwegen nach Kiel stellt uns nämlich vor ein logistisches Problem. Wir dürfen mit den Spikes ja nicht auf deutschen Straßen fahren und somit können wir nicht einfach im Januar von der Fähre in Kiel zum Auto nach Travemünde auf Achse fahren. Unser Freund Bernd hilft uns aus. Der Plan: Wir treffen uns mit ihm in Kiel, er parkt sein Auto als Platzhalter für Kluti unter einer Brücke und fährt mit uns nach Travemünde. Sobald wir auf dem Schiff sind, fährt Bernd mit Kluti zurück nach Kiel, parkt ihn anstelle seines Autos unter der Brücke und Kluti steht dann vor Schnee geschützt drei Wochen dort und wartet auf uns. Die Brücke ist nicht weit entfernt vom Hafen. Um unsere Eisreise völlig legal zu Ende zu bringen, muss einer von uns mit den Motorrädern nach Ankunft der Fähre in Kiel warten, während der andere per Taxi zu Kluti fährt, um die Motorräder im Hafen wieder einzuladen.

Warum der ganze Aufstand? Jan rollte vor einigen Jahren mit Spikes auf den Reifen von der Norwegenfähre in Kiel, als er miterlebte, wie die örtliche Polizei alle Skandinavier und Touristen mit Spikereifen gleich an der Hafenausfahrt aus dem Verkehr zog. Ihn auch. Und darauf haben wir keine Lust!

Als wir gemeinsam mit Bernd im Hafen Travemünde mit Kluti ankommen, ist die Überraschung groß. Freunde von uns haben sich auf den Weg gemacht, um uns zu verabschieden. Und sie sind Retter in der Not. Ich habe Riesenhunger und das Abendessen auf der Fähre ist noch lange hin. So fangen Manu und Dörte ein Grillhuhn, während wir die Motorräder ausladen, bei Pet noch schnell den bereits defekten Öltemperatursensor austauschen, das Gepäck aufsatteln und uns anziehen. Ein Weißrusse mit seinem Lkw ist neidisch auf unsere Spikes. Er wartet auf die Fähre nach Norwegen und hat noch nicht mal Winterreifen! Na, das sind ja Aussichten.

Meine Füße sind zu Eisklötzen gefroren, meine Hände eiskalt, zu lange standen wir in der Winterkälte im Hafen, gemeinsam Grillhuhn mümmelnd und die Zeit totschlagend. Irgendwann dürfen wir los auf die Fähre. Es sind nur wenige Fahrzeuge, die die „Weihnachtsfahrt" gebucht haben, die aus irgendeinem Grund zwei Tage anstatt wie üblich einen Tag dauert. Nun ja, eine kleine Winterkreuzfahrt zu Beginn der Reise kann nicht schaden. Wir sind beide von den letzten Wochen gestresst und haben Erholung nötig. Die Vorweihnachtszeit ist bekanntlich immer etwas stressiger, wenn man dann aber so wie wir noch zwei Motorräder für eine eisige Reise vorbereiten muss, eine komplette Webseite neu entwerfen und publizieren möchte, die Weihnachtspost und Weihnachtsgeschenke pünktlich auf den Weg bringen und als Freelancer für die drei Urlaubswochen „vorarbeiten" muss, dann ist jeder Tag auf See ein Geschenk zum Erholen.

Mein Herz klopft, ich drehe den Zündschlüssel der kleinen Pet um. Jetzt startet sie zur großen Fahrt, jetzt wird sie ihre ersten Kolbenhübe dieser Hochzeitsreise tun. Ein beherzter Kick und die Kleine schnurrt erwartungsvoll durch die Kälte. Auch Flöckchen lässt sich nicht bitten und schon rollen wir los, die Spikes verursachen einen ungewohnten Lärm auf dem Asphalt. Meine ersten Meter auf Spikes fahren sich wie feiner Schotter, auf der Metallrampe zur Fähre und in der Fähre selbst auch nur wie Rollsplit, also kein unbekanntes Fahrgefühl. Ich bin beruhigt, alles gut!

Auf der Fähre dürfen wir die Mopeds selbst verzurren – und im Gegensatz zu unserem letzten Fähr-Erlebnis gibt es dafür auch geeignete Gurte. Die vier extra dafür mitgebrachten Zurrgurte sind also bisher überflüssig. Aber man weiß ja nie, was kommt, dies ist die erste von insgesamt vier Schiffspassagen der Reise.

Unsere gebuchte günstigste Innenkabine hat nur zwei von einem breiten Gang getrennte schmale Betten.

Nicht so toll für eine Hochzeitsreise! Was tun? Zwei Tage in einem muffigen Kabuff hocken und die ersten Nächte der Hochzeitsreise getrennt schlafen? Geht gar nicht, oder? Dem Purser an der Rezeption gefällt wohl unsere Hochzeitsreise, sodass er uns ganz ohne Diskussion mit einem Lächeln auf den Lippen einen Upgrade auf eine absolut luxuriöse Außenkabine mit Schreibtisch, Sofaecke und Doppelbett schenkt. Er ist der erste Empfänger unserer „Hochzeitshoniggläser", die wir als Dankeschön für solche Gelegenheiten dabei haben. Bulgarischer Honig, in kleine Gläser gefüllt, mit Spitzendeckchen, Sisalschleife und einem „Danke"-Aufkleber, unserem Namen und Hochzeitsdatum versehen.

Nach dem Abendessen nutzen wir den Fernseher in unserer Kabine und finden auch etwas, was man sich anschauen kann. Bei so viel Schrott in der Glotze sind wir bei jeder Fernsehernutzung froh, so einen Mist nicht selbst zu besitzen. Und Filmabende wie diesen auf der Fähre können wir mit video on demand oder Mediatheken auch machen. Eine Flimmerkiste daheim kommt für uns nicht infrage!

❄

24.12.2016, Ostsee: es weihnachtet sehr

Endlich ausschlafen! Endlich Ruhe! Endlich Entspannung! Das tut so gut. Es fällt schwer, sich aus dem komfortablen Bett in unserer Luxuskabine zu schälen, doch es gibt nicht unbegrenzt Frühstück an Bord. Am Morgen des Heiligabends gibt es ein riesiges Brunchbuffet mit lauter Leckereien, richtig klasse. Die See ist ruhig, wir stopfen uns die Bäuche voll und verziehen uns nach einem kurzen Schiffsrundgang zurück in unsere Kabine. Zeit für uns, Zeit für die Planung.

Weil die letzten Wochen so stressig waren, haben wir uns keine ernsthaften Gedanken über die Route gemacht. Nur wenige Fixpunkte sind schon reserviert: die Übernachtung im Eishotel an Silvester, das Zimmer in der Jugendherberge in Honningsvåg kurz vor dem Nordkap, die Überfahrten mit der Hurtigrute und die Heimfahrt ab Oslo nach Kiel. Und selbst diese Eckpunkte, abgesehen vom Eishotel, sind variabel, denn wir müssen uns nach dem Wetter richten. Bevor wir uns einen Tag quälen, so der Plan, legen wir besser einen Ruhetag ein, um auf besseres Wetter zu warten. Theoretisch haben wir fünf mögliche „Puffertage", die es uns erlauben, schlechtes Wetter, Straßensperrungen oder andere Hindernisse auszusitzen und trotzdem noch das Nordkap zu erreichen und rechtzeitig an der Fähre zurück in Oslo zu sein. Da im Winter in Skandinavien jeder Tag anders ist und sich die Straßenverhältnisse jederzeit ändern können, planen wir auch heute nicht wirklich, sondern lesen fleißig Reiseführer, um zu erfahren, was wir alles machen könnten, wenn das Wetter passt.

Jan hat endlich Zeit, um die Bedienungsanleitung unserer neuen Spielzeuge zu lesen und alles auszuprobieren: unsere Intercoms, mit denen wir nicht nur miteinander von Helm zu Helm kommunizieren, sondern auch eine Actioncam bedienen und mit der Helmkamera filmen können. Und das alles nur mit einem einzigen Drehknopf, also ideal für dicke Winterhandschuhe. Sehr cool, wir müssen nur lernen, wie.

Unsere Kabine ist geschmückt mit einem aufblasbaren Weihnachtsbaum, der seit gut 15 Jahren mit mir durch die Welt reist und schon auf fast allen Kontinenten stand. Dazu gibt es am Nachmittag original Dresdner Christstollen, Äpfel und von meiner Schwester in Brasilien gebackene Plätzchen. Ein gemütlicher Weihnachtsnachmittag auf ruhiger See.

Abends gibt es ein Weihnachtsfestbuffet mit noch mehr leckeren Sachen und alle Passagiere lassen es sich schmecken. „Alle“ Passagiere sind nicht wirklich viele, die Fähre ist ziemlich leer, denn normalerweise fährt sie in nur einer Nacht nach Helsinki, jetzt dümpeln wir mit 16,6 Knoten in zwei Nächten über die Ostsee. Wir wissen bis heute nicht, warum, aber es ist auf jeden Fall sehr entspannend.

❄

25.12.2016, Naantali: keine weiße Weihnacht

Die Ankunft in Helsinki ist völlig unspektakulär, warme sieben Grad und ziemlich windig, eigentlich zu warm für unsere Klamotten. Nix mit „weiße Weihnacht", auch nicht in Finnland! Rechts und links der Straße hängt zwar Eis an den Felsen, aber sonst ist es wenig winterlich. Es tut weh, mit den frischen Spikes auf Asphalt fahren zu müssen, aber wir haben keine andere Wahl.

Nach 90 km fällt mir auf, dass Jans Vorderreifen etwas „luftleer" aussieht. Als ich ihn über unsere Intercoms darauf anspreche, kommt das gesamte Motorrad schon ins Schleudern und Jan schafft es gerade noch so auf den Standstreifen. Reifen komplett platt! Weil wir nicht auf der Autobahn Reifen flicken wollen, kommt der „Reifenpilot" zum Einsatz - ein Spray, das einen klebrigen Schaum in den Schlauch sprüht und ihn gleichzeitig aufpumpt und abdichtet. Theoretisch. Ich hatte damit nach einer Begegnung mit einem rumänischen Nagel schon Erfolg und konnte danach noch 80 km weit fahren, bei Jan jedoch quillt der Schaum einfach wieder aus dem Reifen heraus. Da ist uns klar, es ist mehr passiert als nur ein einfaches Loch.

Von Weitem sichtbar ist ein Schild, das auf ein Restaurant in etwa 1 km abseits der Autobahn hinweist. In einer solchen Situation zeigt sich wieder, wie toll es ist, dank der Intercoms miteinander nicht nur kommunizieren zu können, sondern dies auch über eine große Reichweite! Jan rollert mit seinem platten Vorderrad los, ich laufe zurück zu Pet und muss erst wieder draufklettern und kicken. Ich bin klein, Pet zwar auch, aber trotzdem komme ich mit den Füßen nicht wirklich auf den Boden, wenn ich auf ihr sitze. Und in den dicken Winterklamotten bin ich etwas ungelenkiger als sonst, dazu noch das Gepäck auf dem Heck. Ich bin froh, durch jahrelanges Balletttraining geschmeidig und gelenkig genug zu sein, um das Aufsteigen jedes Mal ohne Umkippen des Motorrades zu schaffen! Trotzdem brauche ich etwas Zeit, bis ich startklar bin: auf das Motorrad klettern, den Dekohebel ziehen, mich in die Rasten stellen, den O-Punkt mit dem Kickstarter vorsichtig erfühlen, dann kicken. Das Ankicken selbst ist gar kein Problem, die kleine Pet hat meiner rechten Wade nur 350 Kubik entgegenzusetzen und bei den fast sommerlichen Temperaturen des heutigen Tages ist Pet auch sehr willig, sofort anzuspringen. Nur dauert die gesamte Prozedur natürlich immer länger als bei Jan, der mit seinen langen Beinen einfach auf sein Flöckchen aufsteigt, den E-Starter drückt und losdüst. Na ja, er würde losdüsen, wenn er könnte. Jetzt ist ja der Reifen platt …

Während meiner Startprozedur mit Pet habe ich Jan nicht nur im Blick, sondern er mich durch die Intercoms auch „im Ohr“. Ich bekomme den Auftrag, doch bitte „mal eben schnell“ vorzufahren und nach dem Restaurant zu sehen.

Die drei Damen vom Grillrestaurant am See sind so süß und herzlich, wir dürfen heißen Tee und Kaffee umsonst haben und sie telefonieren alle möglichen Leute ab, um uns zu helfen. Doch an Weihnachten gibt es nirgendwo Hilfe und auch der ADAC ist nutzlos, denn der bietet lediglich an, das Motorrad zur nächsten Werkstatt bei Helsinki (falsche Richtung!) zu schleppen und uns ein Mietwagenbudget von 52 €/Tag zur Verfügung zu stellen. Für diesen Preis gibt es in Finnland wohl eher kein Auto und das Motorrad zurück nach Helsinki zu bringen, ist auch kontraproduktiv. Was tun? Wir sind reiseerfahren, bleiben buchstäblich cool und wissen, dass es immer eine Lösung gibt und Probleme auch nur Herausforderungen sind, die es zu bewältigen gilt. Wir sind zuversichtlich und froh über das WLAN im Restaurant, in dem wir mit unseren Smartphones herumsurfen und herumtelefonieren, um einen Ausweg aus der Misere zu finden.

Währenddessen lädt uns die Dame des Restaurants zu Pizza ein. Wir sind eigentlich gar nicht hungrig und abends noch zum Weihnachtsessen eingeladen und wollen uns daher nur eine kleine Pizza teilen, dürfen wir aber nicht. Jeder bitte eine. Und die bitte auch groß! Ich möchte meine Lieblingspizza Margarita, darf ich aber auch nicht, ich soll mindestens vier Beläge auswählen. So süß! Die Frau kann nur drei Worte Englisch (wie übrigens alle, die wir im Laufe der Panne kennenlernen) und bekommt auch einen „Hochzeitshonig“ geschenkt. Wir tauschen Pizza gegen Honig und die gute Seele des Restaurants strahlt bis über beide Ohren.

Wir sind ja heute gewissermaßen nur unterwegs zu Jans Freunden Mika und Sanna – und die haben ein kleines Weihnachtswunder für uns parat. Über zehn Ecken kennen sie einen ehemaligen Motocross-GP-Fahrer, der nur 15 km entfernt von unserem Restaurant am See sowohl einen neuen Schlauch für uns als auch eine blitzsaubere Werkstatt hat, in der er mit viel Spaß Hand anlegt. Der Schlauch aus Jans Reifen war unter dem Reifenhalter festgeklemmt und hatte sich sogleich an mehreren Stellen dünn und löchrig gerieben. Flicken unmöglich, aber unser weihnachtlicher Retter, Tapani Nurmi, hat alles da! Er kann aus gesundheitlichen Gründen nicht mehr Motocross fahren und will gar nicht aufhören, an Jans Rad zu werkeln. Der neue Schlauch ist drin, wir könnten theoretisch wieder fahren.

Hmmm…, da fällt ihm ein, er könnte ja Speichen spannen. Als das getan ist, hmmm…, Bremsscheibe reinigen. Und dann …, was könnte man noch so tun? Hmmm…, Felge putzen? Als er damit beginnt, unterbrechen wir ihn bei seiner Herzensangelegenheit. Es wird schon dunkel draußen und die Frau unseres Retters springt in rotem Samtkleid in die Werkstatt, um ihren Gatten daran zu erinnern, dass heute Weihnachten ist und auch Gäste eingeladen seien. Es ist so offensichtlich, wie gern er uns aus der Patsche hilft und wie sehr er das Fahren vermisst. Wir überlassen der Dame im Samtkleid ihren Ehemann in Jogginghosen, fahren zurück zum Restaurant und bauen das Rad wieder in Flöckchen ein. Die hilfsbereite Dame des Restaurants bietet uns an, ein Gästezimmer bereit zu machen. Das Restaurant würde nun schließen, die Gästezimmer seien nur im Sommer genutzt, aber bevor wir an Weihnachten in der Kälte … Wir lehnen ab, sind aber von der Herzlichkeit der Menschen des heutigen Tages überwältigt. Ob es das wohl so auch in Deutschland gäbe? Wir glauben nicht …

Endlich geht es weiter im Dunkeln Richtung Turku zu Mika und Sanna, doch vorher müssen wir tanken. Die Tankstelle hat wegen Weihnachten zwar geschlossen, aber man kann mit einem Automaten tanken. Idiotischerweise bietet der zwar Deutsch als Sprache an, gibt dann aber nur „Bitte warten“ von sich und der Rest ist Finnisch. Wir schaffen es, der Tanksäule für 30 € Benzin zu entlocken und kommen nach einer Fahrt auf eisglitzernden Straßen bei Mika an, der schon die Holzofensauna für uns angeheizt hat.

Während wir bei herrlichem Holzfeuerduft in der Sauna erst auftauen und dann schwitzen, bereitet Sanna das Weihnachtsessen zu. Es gibt zur Vorspeise verschiedene Sorten eingelegten Hering, drei Sorten Lachs und Fischrogen mit Smetana, dazu Kartoffeln. Leckerst! Die Hauptspeise ist Rehbraten mit Rosenkohl und Speck, dazu im Ofen gegarte Rote Bete mit Walnüssen und Blauschimmelkäse. Leider, denn ich mag keine Rote Bete, Jan hasst Käse und Rosenkohl. Wir sitzen in der Sauna und lachen. Sanna hatte letzte Woche extra gefragt, ob es etwas gäbe, was wir nicht mögen. Wir super Weltreisehelden hatten da natürlich großkotzig behauptet:

„Nee, wir essen alles!“

Und genau das, was wir so gar nicht mögen, gibt es jetzt zu Weihnachten. Keine Chance, wir müssen irgendwann wieder aus der Sauna auftauchen und in den sauren Apfel, also in die Rote Bete, den Rosenkohl und Käse beißen – und stellen völlig erstaunt fest: so lecker! Sanna hat ein zweites Weihnachtswunder vollbracht!

ENDLICH EIS UND SCHNEE!

„Glattes Eis, ein Paradies für den, der gut zu tanzen weiß.“

Friedrich Nietzsche

26.12.2016, Ruovesi: Sibirien für Anfänger

Finnische Weihnachten gehen heute mit einem sehr ausgiebigen Frühstück mit Lachs und herrlicher selbst gebackener Weihnachtstorte weiter. Es fällt uns sehr schwer, aufzubrechen. Vor allem auch, weil Mika und Sanna zwei lustige Hunde haben, von denen einer sogar Finnischer Meister (im „Schöner-Hund-Sein“) ist. Irgendwann schaffen wir es tatsächlich, aufzusatteln und die Motorräder aus der warmen Garage zu schieben. Die Straße glitzert, als ich Pet ankicke und sie fröhlich schnurrt.

Es geht durch „Sibirien für Anfänger“. Nach meiner Heimfahrt vor zwei Jahren per Motorrad aus der Mongolei quer durch Russland und der diesjährigen Fahrt mit der Transsibirischen Eisenbahn von Vladivostok bis Southampton brauche ich solch eine Landschaft nun wirklich nicht mehr: links Birkenwäldchen, rechts Birkenwäldchen. Oder dasselbe Panorama mit Kiefern. Oder gemischt. Dazu auf einer Landstraße, etwas erhöht über der Landschaft mit Schwarzerde. Es erinnert mich sehr an „Trasse fahren durch Sibirien“, kilometerlang, tagelang. Ich bin mehr als gelangweilt. Das muss ich mir nun die ganze lange Eisreise anschauen? Hat Finnland nichts anderes zu bieten? Das hat mir keiner gesagt! Es geht unaufhaltsam weiter: Birke links, Kiefer rechts …

Gerade, als ich denke, der Unterschied zu Sibirien sei der, dass keine Fahrzeuge die Landschaft „dekorieren“, liegt auch schon ein Auto auf dem Dach im Acker. Also wirklich „Sibirien für Anfänger“, jedoch mit dem Unterschied, dass die Straße von mehr Häusern gesäumt ist und diese hier gemütlicher aussehen.

Nach einer kleinen Tank- und Kaffeepause geht es weiter, immer Richtung Norden auf einer Route wie mit dem Lineal gezogen, die teils auch über kleine Sträßchen führt. In Skandinavien ist es egal, auf welcher Straße man fährt, es sind sowieso nur 80 km/h erlaubt. Wir wollen in einer Hütte am See übernachten und brauchen daher Lebensmittel, um selbst zu kochen. Skandinavien ist unglaublich teuer und so reicht das von unseren Hochzeitsgästen gespendete „Fressgeld“ nur für einen täglichen mageren Einkauf von Nudeln mit irgendeiner Sauce für das Abendessen, Brot und Frischkäse zum Frühstück. Wir können keine Lebensmittel über Tag transportieren, sondern müssen kurzfristig einkaufen, sonst gefrieren alle Einkäufe im Gepäck zu Tiefkühlkost.

Gerade, als ein heftiger Schneeregen einsetzt, taucht rechts ein Einkaufszentrum auf, in das wir flüchten und zwischen überteuertem Obst und Gemüse, Brot und warmen Socken darauf warten, dass die ungemütlichen Flocken wieder verschwinden. Es ist mittlerweile stockdunkel draußen, obwohl es erst 16 Uhr ist. Die Straßen sind voll Schneematsch, was uns aber nicht weiter stört. Wir wollen zur „Route 66“, die ich zufällig auf der Karte entdeckt hatte und lustig fand, sodass ich sie als spontanes Etappenziel geplant habe. So, wie „jeder“ Motorradfahrer ans Nordkap und „jeder“ Motorradfahrer die Route 66 fährt, so cool wollen wir auch sein. Und das alles auf einer einzigen Hochzeitsreise miteinander verbinden: Route 66 und Nordkap! „All-inclusive-Urlaub“ sozusagen, für eine Hochzeitsreise ganz normal …

Die letzten 40 der insgesamt 264 km des Tages sind eisig. Auf der Straße liegen Schnee und Eis. Jan, der vor mir fährt, zieht eine Spur mit den Spikes, die in meinem kalten LED-Scheinwerferlicht weiß glitzert. Trotz für Motorräder gefährlicher Straßenverhältnisse fährt es sich erstaunlicherweise nicht anders als auf einer fein geschotterten Piste durch Marokko. Schlaglöcher oder Spurrillen fahren sich ein wenig wie Tiefsand, die Kiste schaukelt kurz, aber das war's dann auch. Es dauert eine Weile, bis mein Hirn das lernt. Es sieht super gefährlich aus und bisher war die Erfahrung von „Eis, Schnee und Motorrad“ auch immer mit „Gefahr“ gleichzusetzen. Die Augen melden an das Gehirn: gefääääährlich! Doch Hände und Hintern melden gleichzeitig: „Alles klar, weitermachen!" Es dauert, bis die gegensätzlichen Informationen neu gespeichert sind und sogar positive Assoziationen zulassen: Es glitzert überall, wunderschön!

Im Dunkeln rollern wir so durch das Eis und lassen uns vom Gegenverkehr mit Eiskristallen bewerfen. Keine so tolle neue Erfahrung, aber das gefällt mir wesentlich besser als dieses „Anfänger-Sibirien" zu Anfang der Tagesetappe. Wir sind froh, dass die Eisreise nun wirklich auch Eis bietet.

Gegen Abend laufen beide Mopeten schlecht. Jans Super Ténéré muss mit „fröhlicher Gashand" lebendig gehalten werden, die kleine Pet will sich auf den letzten 100 m zur Hütte lieber schieben lassen, anstatt anzuspringen. Wir wissen nicht, woran es liegt, füttern den beiden ein Additiv von Putoline und stellen fest, dass es zu schmecken scheint. Erwartungsvoll schnurren die beiden uns an, doch wir drehen die Zündschlüssel wieder um und ziehen in die gemütliche Bleibe ein.

Für die Nacht haben wir uns eine Hütte (finnisch: Mökki) auf einer Insel in einem See bei Ruovesi an der Route 66, etwa 60 km nördlich von Tampere, gemietet: mit Küche, Bad und eigener Sauna. Richtig Luxus! Dabei wollten wir nur ein „Bett mit Steckdose", um nicht nur zu schlafen, sondern auch unsere diversen Akkus aufzuladen. Nach einem Topf Spaghetti mit Tomatensauce nutzen wir die Sauna, dampfen zwischen den Saunagängen vor der Hütte ab und hören dabei unter sternenklarem Himmel dem Eis des Sees beim Singen und Knacken zu - das erste Stück Romantik dieser Reise. Das gefrorene Gras unter den Füßen knackt lustig, der eisige Boden tut an den nackten Zehen weh – schnell wieder rein in die Sauna!

Ich will die Restwärme der Sauna zum Trocknen der Wäsche nutzen. Wir sind ja nun schon fünf Tage unterwegs und wer weiß, wann sich eine so gute Gelegenheit wieder bietet? Unser Gepäck ist klein, wir sind daran gewöhnt, schnell unter der Dusche Unterwäsche und Socken durchzuwaschen und über Nacht zu trocknen. Der „Sauna-Wäschetrockner" beschleunigt das Ganze enorm. Und schon ist der Tag wieder viel zu schnell vorbei.

❄

27.12.2016, Pyhäjärvi: Willkommen im Winterwunderland!

Die Vermieterin der Hütte bietet uns an, etwa 300 km weiter nördlich eine Hütte bei Bekannten zu reservieren, natürlich mit Rabatt. Das Angebot nehmen wir gern an und machen uns auf den eisigen Weg. Wir fahren Nebenstraßen, die alle komplett vereist sind und in der Mitte Schnee auftürmen. Im Sommer sind sie Schotterpisten, das wäre bestimmt auch spaßig! Die Landschaft zeigt sich uns in wunderschönes, weiches Sonnenlicht getaucht, überall Frost und in die Natur gemalte, typisch finnische Holzhäuser. Wie im Bilderbuch! Sibirien findet hier wohl doch nur an der Hauptstraße statt, die kleinsten Wege durch die Wälder lassen Jan und mich erstaunen: See links, Hüttchen rechts – sogar Bushaltestellen sind niedliche blauweiße Bretterverschläge.

Nach 45 km Mini-Eisstraßen ziehen wir Resümee: Wenn auf eine Schotterstraße Schnee fällt und dieser zu Eis gefriert, fährt sich das unangenehmer als dieselbe Konstellation auf asphaltiertem Untergrund, weil sich die Spurrillen aus Schotter auch im Schnee verbacken haben, Schlaglöcher und Rillen unter Schnee versteckt sind und man nonstop Unruhe in der Kiste hat. Einmal kommt die kleine Pet beim Wechsel der Spurrillen mit dem Hinterrad richtig schön quer – und Jan filmt das zufällig! Mein Herz ist kurz und schnell ganz tief in die Hose gerutscht und ich wundere mich später, wie obercool die Sequenz im Video rüberkommt. Da kommentiere ich nämlich einfach nur trocken:

„Ups, da kam sie quer."

Auf Eisstraßen, die auf Asphaltstraßen entstehen, sind die Spurrillen weniger ausgeprägt und auch sonstige „Unruhestifter“ seltener. Wir beschließen, uns daher zukünftig auf im Untergrund asphaltierte Straßen zu beschränken, so weit möglich.

Ein Blick auf die Uhr zeigt, dass Mini-Eisstraßen Zeit kosten, denn das Fahrtempo pendelt sich bei 50-60 km/h ein, auch dank vieler Kurven, die insbesondere mit Eisspurrillen das Tempo drosseln. Wir schwenken auf die Europastraße ein – und da ist Sibirien wieder!

Waren wir am Vortag zwar auf meist größeren Straßen unterwegs, befinden wir uns plötzlich auf der Süd-Nord-Achse Finnlands – inmitten von Lkws und vielen Autos. Auch die „sibirische Straßendekoration“ der im Graben oder Feld liegenden Fahrzeuge ist wieder präsent. Fahrspaß ist etwas anderes. Die Straße führt schnurgerade durch „Sibirien“, meist sehen wir nur das Heck eines Lkws vor uns und die Scheinwerfer eines weiteren hinter uns. Und die Trucks aus dem Gegenverkehr werfen mit Eis und Schnee nach uns. Wir lernen: Europastraße fahren ist nichts für uns! Wir kommen mit den Stollenreifen und Spikes auf den Nebenstraßen genauso gut und schnell vorwärts, können dabei allerdings die Landschaft und das Fahren wirklich genießen.

Jan hatte ja seine Schuhspikes vergessen, dann aber in Hamburg Ersatz gekauft. Von diesen hat er jedoch schon heute beim ersten Fotostopp wieder einen verloren, sodass er immer nur ein und denselben Fuß auf den Boden stellen darf, um nicht mitsamt Motorrad wegzurutschen. Mit (zwei) Schuhspikes zu fahren und zu laufen, ist übrigens richtig genial! Man traut sich zunächst kaum, einen eisigen Hang abwärts zu laufen, aber wie auch die Spikes im Reifen krallen sich die Metallhaken fest in den Untergrund und man hat wirklich festen Halt. Sehr wichtig, denn am Vorabend waren trotz 40 Eiskilometern das Absteigen und die wenigen Schritte zur Hütte das Gefährlichste des Tages! Jan läuft zu meiner Belustigung hingegen wie ein alter Mann, der einen Fuß (den unbespikten) nachzieht. Also suchen und finden wir in einem Einkaufszentrum neue Schuhspikes für Jan und Zutaten für das Abendessen in der nächsten Hütte. Der Weg dorthin ist ein dunkler, denn ab etwa 15:30 Uhr knipst die Sonne das Licht heute ganz aus und der Wind peitscht losen Schnee wie Sand über die Straße. Entgegenkommende Lkws schütteln zusätzlich den Schnee von den Bäumen, sodass wir gelegentlich in weißen Wolken fahren. Da mir nicht kalt ist, hätte sich das auch alles in der Wüste abspielen können: das ständig sanft vor sich hin tänzelnde Motorrad, der Sand – äh – Schneewirbel um uns herum, die schlechte Sicht durch Staub – pardon – Schnee …

Jeden Nachmittag lässt bei uns das körpereigene Heizkraftwerk nach und trotz gleichbleibender Außentemperatur kommen dann unsere elektronischen Heizhelferlein zum Einsatz. Unter Dauerfeuer sind ab dem ersten Meter jeden Tag unsere beheizten Schuhsohlen, die mit kaum spürbarer Wärme auf niedrigster Stufe lediglich dafür sorgen, dass die Füße nicht auskühlen. Einen großen Unterschied merken wir jedoch, wenn über die Stiefel zusätzlich die Neopren-Überziehstiefel kommen. Diese isolieren sagenhaft und sind ein großer Komfortgewinn!

Unsere nächste Mökki wartet nach 312 km auf uns und der super nette Vermieter hat uns extra den Weg von der Straße bis zur Hütte geschoben. Während ich das altbewährte Hüttenessen „Nudeln mit Sauce“ koche, sichert Jan die Fotos und Videos unserer diversen Geräte und kümmert sich um die zahllosen Akkus, die wir jeden Abend frisch laden müssen, um am nächsten Tag fotografieren und filmen, uns unterhalten und für Wärme sorgen zu können. Dazu haben wir eine große Steckdosenleiste im Gepäck und alle Ladekabel auf ein Minimum gekürzt, um den Kabelsalat in Grenzen zu halten. Bei der Wahl unserer Unterkunft ist nicht nur der Preis entscheidend, sondern insbesondere, ob es dort auch Strom gibt. Zumindest die Akkus meiner Heizsohlen und Jans Heizweste müssen wir jeden Abend laden, um am nächsten Tag gut vorbereitet zu sein.

❄

28.12.2016, Pudasjärvi: Wer knallt und schallt im finnischen Wald?

Heute fahren wir noch vor der Morgendämmerung los. Das klingt nach „mitten in der Nacht", aber es ist 10:15 Uhr und der Sonnenaufgang zaubert ein wunderbares Licht auf die glitzernde Landschaft. Die Tagesetappe ist etwas über 200 km lang und die ersten 100 km entscheiden wir uns für die Europastraße Richtung Oulu. Man kommt auf dieser zwar schnell vorwärts, aber mit Sibirien und Lkw-Verkehr haben wir's ja beide nicht so. Also weiter auf Nebenstraßen, die Diretissima nach Rovaniemi. Wir haben nämlich beschlossen, den Weihnachtsmann zu besuchen!

Unterwegs muss dann irgendwann der Frühstückstee raus, und weil es im Helm so schön muckelig warm ist, lasse ich ihn beim Ausflug in den Tiefschnee des Waldes auf. Schön doof! Jeder Atemzug eine Eisschicht auf dem aufgeklappten Visier! Bei minus zehn Grad keine gute Idee ... Jetzt muss das Heizvisier des Nolan N104 zeigen, was es kann. Und tatsächlich, die Eisschicht wird immer dünner und bald schon kann ich wieder durch das Visier schauen, anstatt mit tränenden Augen und beißendem Wind auf den Wangen mit offenem Visier zu fahren. Jans Heizvisier tut zurzeit gar nichts, er kratzt fleißig Eis.

Mein Sensor für die Lufttemperaturanzeige ist irgendwie unter der Lampenmaske eingeklemmt und zeigt falsch an. Bei einer kleinen Schraubersession am Straßenrand befreien wir den Sensor aus seiner misslichen Lage und mein Thermometer funktioniert wieder. Eigentlich ist es ja egal, wie kalt oder warm es ist, wir fahren sowieso weiter. Trotzdem ist es interessant, die Temperaturentwicklung zu beobachten. Da die Sonne es kaum über den Horizont schafft, besteht wenig Unterschied zwischen Tages- und Nachttemperaturen, das ist für uns eine neue Erfahrung.

An der Tankstelle gibt es beheizte Glasschränke, die wie riesige Kühlschränke aussehen. Darin stehen Eimer und Kannen mit Kühl- und Wischwasser. Toll, denke ich – und beginne, meine Windshield zu wischen. Doofe Idee, bei minus zehn Grad friert das Wischwasser schneller fest, als man es mit der Gummilippe wieder abziehen kann! Das ist wohl nur für Autos mit Heizungsgebläse oder beheizter Windschutzscheibe gedacht. Wieder etwas dazu gelernt.

Auch beim Kettefetten zeigt sich die Minustemperatur. Eigentlich nahm ich an, die Kette sei nach rund 80 km konstanter Fahrt warm, aber beim Einsprühen bemerke ich: Selbst wenn die Kette wärmer ist als die Umgebungstemperatur, so heißt das nicht, dass es warm genug ist! Natürlich erstarrt das gute Putoline-Kettenfett sofort dort, wo es auf der Kette auftrifft. Also ganz nah ran mit der Sprühtülle und ordentlich mit Druck draufhalten. Ob das was bringt? Auf jeden Fall beruhigt es das Gewissen ...

Nach der Kaffeepause denke ich beim Losfahren, mein Thermometer sei nun wirklich kaputt. Es zählt im freien Fall abwärts: -14, -16, -18 °C. Gut, dass wir die Intercoms haben! Ich erzähle Jan während der Fahrt von meinem kaputten Thermometer, woraufhin er auf seins schaut und nur meint:

„Hier muss ein Kälteloch sein."

Es ist wirklich so kalt – und bleibt es auch den Rest des Tages. Also kein Kälteloch, es ist überall so kalt. Wenn man den Windchillfaktor mit berechnet, so fahren wir bei 80 km/h und -18 °C in einer gefühlten Temperatur von ca. -48 °C herum! Und außer, dass wir die Heizwesten auf Stufe zwei (von fünf) stellen müssen, merken wir in unseren Klamotten nichts. Nur das Helmvisier sollte man geschlossen halten, denn der Wind beißt ...

Der Himmel im Rückspiegel färbt sich blutrot, tiefviolettfarbene Wolkenstreifen ziehen darüber, absolute Knallfarben! Ich möchte am liebsten in die andere Richtung fahren, um dem Farbspiel am Himmel zuzusehen, der ständig neue Untergrund verlangt jedoch meine volle Aufmerksamkeit. Die „Mittelrippe" aus Schnee zwischen zwei Fahrspuren aus Eis führt jedes Mal zum Schaukeln der ganzen Fuhre, sobald eines der Räder in die Nähe gelangt. Ich riskiere trotzdem immer und immer wieder einen Blick auf dieses brillante Farbspektakel, das der Sonnenuntergang hinter mir verursacht und bekomme immer und immer wieder die Quittung dafür und muss die kleine Pet von ihrem Schlingerkurs abhalten. Das Licht ist einmalig! Bald darauf hat Jans Super Ténéré wilde Zündaussetzer und lärmt laut knallend und Flammen spuckend durch die tief verschneite und verträumte Winterlandschaft. Ich schäme mich dafür, dass Jan die Stille des Winterwaldes zerstört und der Romantik bei diesem einzigartigen Licht in dieser großartigen Landschaft keine Chance gibt. Es könnte so schön sein: zwei Motorräder auf Eis und Schnee gleiten bei Sonnenuntergang durch den in mittlerweile Pastelltöne getauchten, magisch glitzernden Märchenwald … RUMMS, KAWUMM!

Es wird immer schlimmer und schließlich halten wir an. Das Problem entsteht, weil bei jeder Erschütterung der Batterie die Zündung aussetzt. Warum, das ist am Straßenrand bei -18 °C erst mal egal. Ein Stück Pappe unter der Batterie fixiert das Ganze bis zur nächsten Unterkunft, einem „Holzhotel“ in Pudasjärvi, das für 55 € ein luxuriöses Apartment im Holzhüttenstil bietet und uns, wie sollte es anders sein, vom gestrigen Campingplatz empfohlen und gebucht wurde; natürlich mit Rabatt. Mit Sauna selbstverständlich, schließlich sind wir ja immer noch in Finnland! Jan findet eine helle Straßenlaterne zur Fehlersuche. Dank akkubetriebener Heizweste empfindet die Schraubersession unter der Straßenlaterne nur ein Finne zu kalt, der kurz interessiert vorbeischaut.

Jan selbst kommt nach zwei Stunden fröhlich ins Zimmer und hält ein Kabel in der Hand. Das Hauptkabel von der Batterie zum Anlasserrelais war durchvibriert und verlor den Kontakt bei Erschütterung, Kawumm! Jan konnte das Kabel tauschen und seitdem knallt und feuert auch keiner mehr im finnischen Wald …

Während Jan in der Sauna auftaut, sitze ich auf dem Bett und verbrate unser restliches mobiles Datenvolumen am Reiselaptop. Da uns Strom in der Unterkunft wichtiger ist, hatten wir bis heute noch keine einzige Bleibe mit Internet. Zur Routenplanung sind wir aber darauf angewiesen und stellen daher jeden Abend mit dem Smartphone eine Internetverbindung her, mit der wir auf eine sehr hilfreiche Website der finnischen Verkehrswacht zugreifen. Auf dieser sind alle Straßen Finnlands aufgezeichnet und farblich markiert:

grün = gut befahrbar
gelb = „geht so"
rot = gesperrt

Die Straße, die wir für morgen geplant haben, ist gelb markiert. Zusätzlich kann ich die auf der gesamten Strecke installierten Webcams anklicken und alle 15 Minuten ein aktuelles Bild des tatsächlichen Straßenzustandes erhalten. Ich klicke fast minütlich ein bisschen nervös auf die Kameras der morgigen Strecke und habe Kopfkino. Es schneit heftig. So etwas hatten wir noch nicht und es handelt sich um eine Nebenstraße, nicht besonders groß. Was das wohl wird?

Mein kleiner Laptop, der süße Eee, bekommt plötzlich eine Art Hirnschlag. All unsere elektronischen Geräte reisen im Gepäck mit und haben logischerweise die gleiche Temperatur wie die Luft. Also heute -18 °C. Sobald man in einen geheizten Raum kommt, bildet sich Kondenswasser an allen Teilen, sodass man Laptops, Smartphones und Kameras erst eine gewisse Zeit zur Akklimatisierung geben muss. Wahrscheinlich hatte ich zu wenig Geduld und wahrscheinlich hat mein kleiner Eee das nicht vertragen. Jedenfalls leidet er nun deutlich an Alzheimer, hat all seine Updates und Einstellungen vergessen und mag sich auch keine neuen Dateien mehr merken. Als kleine Schreibmaschine und für die Internetnutzung taugt er noch, alles andere müssen wir ab jetzt doppelt und dreifach sichern.

Nudeln mit Sauce füllen unseren Bauch und wir versuchen erfolglos, für morgen ein Bett rund um oder in Rovaniemi aufzutreiben. Egal, wo wir anrufen, es heißt überall:

„Sorry, we are fully booked", alles ausgebucht.

Wer zum Himmel fährt mitten im Winter nach Rovaniemi? Na gut, wir auch, aber was bitte gibt es da so Spannendes, dass alle Betten belegt sind?

Jan bittet Mika um Hilfe, doch bevor er antwortet, sind wir eingeschlafen. Kälte macht müde!

POLARKREIS UND WEIHNACHTSMANN

„Reisen bedeutet Grenzen zu überschreiten, auch die eigenen.“

Wanda Rezat

29.12.2016, Rovaniemi: der Weihnachtsmann ist echt

Der erste Blick des Tages geht heute wieder auf die Webcams entlang der geplanten Route. Es hat sich nichts geändert, die Straße bleibt gelb und ist komplett weiß verschneit. Die einzigen Meter, die ich gestern auf dem Parkplatz jemals mit dem Motorrad auf frisch zugeschneitem Eis gefahren bin, haben mir Angst gemacht. Ich zweifele an allem. Die Spikes sind ganz bestimmt viel zu kurz! Die Reifen ganz bestimmt falsch! Die Straße ganz bestimmt viel zu dick verschneit! Ich werde ganz bestimmt stürzen! Mir dabei ganz bestimmt wehtun! Ganz bestimmt so, dass die Reise damit beendet ist! Ich bin mir sicher: Der Untergrund ist ganz bestimmt absolut un-fahr-bar! Ich lasse meine weibliche Seite voll heraushängen, vergesse, dass ich eigentlich mehr als gut Motorrad fahren kann, und das auch offroad. Vergesse, dass ich bisher auch gar keine fahrtechnischen Probleme hatte und auch sonst mit jedem Untergrund unter dem Motorrad klarkomme. Vergesse, dass ich schon so viele Rallyes mit dem Motorrad erfolgreich gefahren bin, dass ich sie noch nicht mal an zwei Händen abzählen könnte. Vergesse, dass mich sonst eigentlich nichts erschreckt und eine Straße für mich eigentlich umso interessanter ist, je anspruchsvoller sie wird!

Ich plane wild einen 300 km langen Umweg. Jan ist alles andere erfreut über die plötzlich mädchenhaften Verhaltensweisen seiner sonst eher furchtlosen frisch Angetrauten. Ich lasse mich nicht beirren. Ich will diese Straße nicht fahren! Und zur Not fahre ich den Umweg ganz alleine! Basta!

Ein verbranntes Toast im Toaster sorgt beim Frühstück für Action, weil es den Feueralarm auslöst. Als ich samt rauchendem Toaster barfuß auf den Balkon springe, spüre ich, dass es warm ist. Als wir eine Stunde später aufbrechen, zeigt mein Thermometer auch tatsächlich

0,5 Grad plus an! Ein Temperatursprung von fast 20 Grad über Nacht!

Kaum rollen die Reifen auf die Straße, ist auch meine Zuversicht wieder da. Ich merke, dass ich natürlich nicht plötzlich über Nacht mein gesamtes Fahrkönnen verloren habe und bitte Jan kleinlaut über Intercom, vielleicht doch die ursprüngliche Route zu fahren. Oder zumindest anzutesten. Wir könnten mal gucken fahren. Kaum sind wir auf die „gelbe" Straße abgebogen, schäme ich mich. Natürlich kann ich das fahren, natürlich ist da gar kein Problem, natürlich macht das weiter Spaß, natürlich macht die Pet das! Ich schwöre mir: Nie wieder werde ich solch einen weiblichen Jammerlappen darstellen wie vorhin! Nie wieder werde ich Jan so völlig unbegründet ärgern! Nie wieder! Versprochen!

Wir bleiben auf der direkten Verbindung nach Rovaniemi, die Straße ist pures Eis, das vom Schneepflug in Rillen gezogen wurde. Das fährt sich weiterhin wie ein Sandweg, ganz entspannt, solange man der kleinen Pet unter sich ihr Eigenleben gestattet. Ich lasse sie unter mir tänzeln und freue mich am Winterwunderland und darüber, dass ich die Straße nach der Aufregung doch so unbekümmert fahre. In dieser Region wohnt also der Weihnachtsmann, wie passend! Wie im Märchenbuch sieht es hier aus, es würde mich tatsächlich nicht wundern, wenn plötzlich der Weihnachtsmann persönlich mit seinem Rentierschlitten aus dem Wald käme.

Unterwegs im einzigen Ort auf der Route rutsche ich mit den Metallspikes auf dem schneenassen gekachelten Boden im Supermarkt aus, verdrehe mir dabei das rechte Knie und das Handgelenk der Gashand. Nein! Das rechte Knie ist das, was ich täglich gefühlte tausendmal brauche, um die kleine Pet anzukicken! Und die lädierte Gashand ist auch nicht wirklich der Knaller. Alles nur wegen einer Packung Tee! Und da sage mal einer, Motorradfahren sei gefährlich! Seit über

1.000 Winterkilometern kein Sturz – und dann beim Teebeutelkaufen im Supermarkt!

Wir sitzen in der Nähe der Kasse und ich warte mit kleinen Tränchen in den Augen, dass der Schmerz nachlässt. Wie bei jedem Stopp gibt es auch eine eiskalte Cola und Jan beginnt rumzublödeln, rülpst leise und grinst. Hey, das kann ich auch! Nur viel besser! Ich nehme die Herausforderung an und ziehe einen großen Schluck aus der Flasche, vergessen sind die Schmerzen: RÜÜÜLPS! Entsetzt schaut mich Jan an, ich grinse, weil der echt gut gelungen ist, und Jan schämt sich fremd. Er meint, der wäre so laut gewesen, dass sich alle an der Kasse umgedreht haben. Ich glaube, Jan lügt mich an, ich habe niemanden gesehen, der sich umdreht.

Lachend ziehen wir nach draußen. Mein verdrehtes Knie tut nur noch halb so weh und entgegen meiner Befürchtung kann ich doch noch kicken. Gas geben funktioniert wie eh und je, es schmerzt zwar ein wenig, aber die tolle Winterlandschaft um uns herum entschädigt für alles!

Wir fahren zunächst an Rovaniemi vorbei zum Polarkreis bei mittlerweile wieder minus vier Grad und machen Fotos, solange es noch hell genug dazu ist. Heute war erst um etwa 10:30 Uhr Sonnenaufgang und Untergang schon gegen 13:30 Uhr! Zum Fahren egal, da ist genug „Licht am Fahrrad“, aber zum Fotografieren und Filmen bleibt uns immer weniger Zeit. Apropos „Zeit“: Wie kommt es eigentlich, dass wir schon am Polarkreis sind? Wir sind doch gerade erst losgefahren? Es ging alles so schnell, so glatt, so problemlos, so einfach! Ich hatte im Vorfeld so viele Infos eingeholt, so viele Erfahrungsberichte gelesen und fast nur Horrorstories gehört: von schweren Stürzen, langsamem Fahrtempo, Motorraddefekten, Frieren, Qualen und Problemen. Haben wir Glück oder sind wir einfach nur gut vorbereitet? Wir wissen es nicht, tanzen durch den Schnee und freuen uns, dass es uns so gut geht.

Am Polarkreis wohnt auch der Weihnachtsmann. Und das ist auch das einzig Gute dort, denn außer dem Weihnachtsmann selbst kommt dort alles aus Fernost: Souvenirs, Kitsch, Krempel und Kommerz – und auch die Gäste. Nichts, aber auch nichts kommt auch nur annäherungsweise aus Europa! Ein furchtbarer Trubel, vor dem Dorf stehen gleich sieben Busse mit Gästen aus Fernost. Ich möchte gar nicht wissen, wie das dort im Sommer aussieht, wenn auch noch Wohnmobilisten, Motorradfahrer und Sommerurlauber dort sind! Absolute Katastrophe! Nach Tagen in absoluter Stille durch finnische Winterlandschaft ein völlig unerwarteter Kulturschock! Und vielleicht auch der Grund, warum es keine Zimmer in Rovaniemi gibt?

Aber der Weihnachtsmann ist es wirklich wert. Eigentlich wollten wir gar nicht wirklich zum Weihnachtsmann, sondern nur zum Polarkreis, wo er wohnt. Aber irgendwie werden wir, einmal dort, in die Sache hineingesogen. Das erste Haus, das wir betreten, war natürlich das vom Weihnachtsmann. Hm, keiner da. Sitzen die Touristen alle beim Kaffee? Eine Elfe fragt:

„Do you want to meet Santa Claus?"

Wollen wir? Die Elfe öffnet eine Tür und wir finden uns in einem runden Raum wieder, der um eine große Holzuhr gebaut ist, durch deren Uhrwerk wir gehen. Auf der anderen Seite der Uhr steht eine weitere Elfe und öffnet uns die Tür zum Weihnachtsmann. Noch sind wir ganz überrumpelt, ich sehe zunächst nur einen Tisch mit Geschenken und dahinter einen Kameramann. Wo sind wir hier nur gelandet?

Der Weihnachtsmann bittet uns, sich zu ihm zu setzen. Auf Deutsch. Auf Deutsch? Woher weiß der das? Er fragt nach meiner BMW. Meine BMW? Woher weiß der das? Wir vergessen, dass wir bis eben dachten, in einer Touristenfalle zu stecken, vergessen, dass der Bart des Weihnachtsmannes unecht ist, vergessen, dass der Kameramann drauf hält. Der Weihnachtsmann strahlt eine unbeschreibliche Aura aus. Alleine seine Augen schauen mit einer Güte, wie ich es noch nie gesehen habe. Wir sind völlig gefesselt und plaudern entspannt mit dem Weihnachtsmann über unsere Reise. In fehlerfreiem Deutsch. Er weiß Dinge von uns, die er nur deshalb wissen kann, weil er uns schon von Geburt an kennt. Weil er uns als brave Kinder jedes Jahr beschert hat. Als wir zur Tür laufen, schauen wir uns verwirrt an. Kaum dass die Tür hinter uns schließt, platzt es aus uns heraus: „Der ist echt!" Wie kann das sein? Man kann für 30 € ein Video und Fotos von der Begegnung kaufen, doch wir entscheiden uns dagegen. Dieses Erlebnis werden wir im Herzen tragen, wir brauchen keine Fotos. Uns wird sowieso niemand glauben, dass es den Weihnachtsmann wirklich gibt.

Wir wollen etwas trinken, doch alle Cafés und Restaurants im Weihnachtsdorf sind völlig überfüllt mit Touristen aus Fernost, die mit viel Begeisterung Souvenirs kaufen, die in ihren Heimatländern hergestellt wurden. Einen Aufkleber vom Polarkreis gibt es nirgends. In der Shell Tankstelle gegenüber gibt es noch

Platz für uns. Doch zunächst müssen wir tanken. Der Tankwart schaut nicht schlecht, als wir auftauchen, und erzählt, im Winter kämen viele Skidoofahrer, aber keine Motorradfahrer. Und schon biegt eine wilde Meute Skidoofahrer mit großen Schneemobilen und tollen Sounds um die Ecke! Im Drift und ein paar Donuts drehend – mein Herz geht auf –, das will ich auch! Als die Jungs ihre Helme absetzen, realisiere ich: Die sind halb so alt wie ich und würden eine Oma wie mich niemals fahren lassen. Schade, aber das steht auf jeden Fall auf meiner Agenda! Über die heißen Kaffeetassen gebeugt bewundern wir die Ausrüstung zweier Skidoofahrer am Nebentisch. Blöd, dass es den ganzen Kram bei uns nicht gibt! Unsere eigene Ausrüstung ist toll und bewährt sich gerade bestens, aber es ist nicht einfach gewesen, sie zusammenzusuchen.

Es gibt Internet in der Tankstelle und wir schauen nach, ob Mika geantwortet hat. Hat er nicht, aber wir hatten immerhin telefonisch am Vorabend ein völlig überteuertes Bett für die Nacht reserviert und Mika darüber informiert, in der Hoffnung, er hätte eine bessere Idee. Er hat jahrelang in der Hotellerie Finnlands gearbeitet und daher viele Kontakte in der Branche. Ob er vielleicht etwas Preiswerteres kennt? Leider nicht und die einzige Möglichkeit ist: Es gibt für uns ein Zimmer in einem zu einem Hostel umgebauten Krankenhaus, wir sollen im Vier-Sterne-Hotel des Ortes nachfragen. Dort checken wir eine halbe Stunde später auch tatsächlich für das Krankenhauszimmer ein, bekommen einen Gutschein für das Frühstücksbuffet des Sternehotels und einen Bon für eine ganze Flasche Sekt an der Bar! Wir wissen bis heute nicht, wie wir zu dem Luxus kommen konnten, sind aber glücklich über ihn und das Bett. Ob da Mika doch dahintersteckt? Eine ganze Flasche Sekt ist dann doch zu viel, Jan schielt schon und hat rote Wangen – das Pärchen am Nebentisch muss noch fahren …

Das Zimmer im Krankenhaus ist nett gestaltet, doch mit 130 € Listenpreis unverhältnismäßig teuer, die ganze Stadt ein Touristenloch, Abzocke an jeder Ecke! Zu allem Überdruss kommen wir dann auch noch in den „Genuss" des schlechtesten Essens unseres Lebens. Allein der Gedanke daran ekelt uns noch heute. Die Stadt ist voll, in keinem einzigen Restaurant ein Tisch frei. Überall Touristen aus Fernost. Also beehren wir eine Döner- und Pizzabude. Jan bestellt Pizza mit Schinken und Pilzen, ich einen Dönerteller mit Pommes. Was kommt, ist das Ergebnis von Industriefraß und Billigmentalität. Die Pizza enthält Kunstkäse mit einem Etwas, was Schinken genannt wird, aber nur eine rosarote Masse in Hackschnitzeln ist. Konsistenz: mehlig. Geschmack: eklig. Mein Döner besteht aus dem gleichen Zeug, nur in brauner statt roter Farbe. Wir lassen den Industriefraß stehen und laufen gefrustet und hungrig zurück. War wohl nicht unser Abend!

Jans Magen knurrt, die Körner des Frühstücks hat er zum Heizen beim Motorradfahren verfeuert. Ich dirigiere meine Lebensliebe sanft zu unseren eisüberzogenen Motorrädern. Jan steht missmutig in der Kälte, grummelt und ist schlecht gelaunt. Die Chance ist nun gekommen, mich als würdige Ehefrau zu präsentieren. Ich öffne die rechte Seitentasche von Pet. Jan schaut gelangweilt Autos auf den Straße nach, als ich ihm eine Zellophantüte mit Weihnachtsschleife und selbstgebackenen Keksen vor die Nase halte. Er grinst und seine blauen Augen strahlen wieder.

Schnell gehen wir ins Warme und futtern Kekse zu heißem Tee und kuscheln uns nach einem langen ereignisreichen Tag ins Bett. Vom Weihnachtsmann träumen wir nicht – denn da wissen wir nun: Den gibt's wirklich!

❄

30.12.2016, Junosuando: schwedische Holzhausromantik

Wir genießen ausgiebig das mehr als reichhaltige und absolut luxuriöse Frühstücksbuffet und können uns kaum davon loseisen, wollen wir doch den Hotelsternen entsprechende Mengen vertilgen, wenn wir dieses Festmahl schon geschenkt bekommen haben.

Es geht heute weiter nach Norden – auf einer, auf der Straßenkarte grün markierten, also landschaftlich besonders schönen Straße nach Schweden in Richtung Kiruna. Die ersten 30 km rollen sich auf der Eisstraße entspannt dahin, was wir genießen, dann beginnt es zu schneien. Immer heftiger fallen die Flocken. Immerhin ist es annähernd hell, denn wir sind vor Sonnenaufgang gestartet. So können wir das Dilemma, das sich vor unseren Vorderrädern ausbreitet, genau sehen: Der Schnee bleibt in einer Schicht liegen, die alle Spurrillen im Eis unsichtbar macht und für viele Überraschungen sorgt!

Es schneit immer heftiger, die Flocken werden immer dicker und nasser, die Straßenverhältnisse immer schlechter. Wird das heute den ganzen Tag so weitergehen? Kommt hier eigentlich auch tagsüber ein Schneepflug oder immer nur frühmorgens? Ist heute einer dieser Tage, vor denen wir von anderen Winterfahrern gewarnt worden sind? Ein Tag, an dem man besser in der Unterkunft bleibt, anstatt mit dem Motorrad im Neuschnee herumzustochern? Aber in welcher Unterkunft hätten wir bleiben sollen? Im 130 €-Krankenhauszimmer? Zurückfahren und im Lotto gewinnen? Das Zelt aufschlagen? Nein, jetzt stecken wir mitten drin im Schneechaos. Die Autos scheinen damit überhaupt keine Probleme zu haben und überholen uns quasi ohne Sicherheitsabstand. Jedes Mal haben wir Angst, dass es die Motorräder in genau diesem Moment versetzt, weil wir mal wieder eine zugeschneite Spurrille falsch erwischt haben, weil sich Vorderrad und Hinterrad nicht auf die gleiche Fahrspur einigen können, weil der Neuschnee einfach nur Unruhe in die gesamte Fuhre bringt. Die Autofahrer haben nicht die geringste Vorstellung davon, wie es ist, auf einem ständig vor sich hin pendelnden Ding zu sitzen, das sich gern unangemeldet dazu entscheidet, die Spurrille zu wechseln. Wahlweise Richtung Graben oder Gegenverkehr …

Wir beruhigen uns selbst, indem wir uns erklären, dass sich auch solche Straßenverhältnisse eigentlich nur wie eine tiefsandige Piste fahren lassen. Jedoch mit dem Unterschied, dass die Spurrillen einfach nicht nachgeben und man sich durch die Pendelei unter dem Hintern in die Wüste versetzt fühlt. Eis- und Schneewüste halt. Es gehört zum Spannenden dieser Reise, dass wir jeden Tag verschiedene Untergründe befahren: schwarzes Eis, das aussieht wie Asphalt, frischer pulvriger Schnee, Eisrillen, festgefahrene Schneedecken, Spurrillen aus Eis oder Schnee …, die Reise bleibt abwechslungsreich. Und jeder Kilometer macht Spaß! Eigentlich.

Dann fängt es auch noch an zu regnen. Der Boden hat immer noch schöne Minusgrade, die Luft darüber schwankt zwischen ein und zwei Grad. Was daraus für Straßenverhältnisse entstehen, kann man sich gut vorstellen: Regen auf Schnee über Eis ... Spaß macht das dann doch nicht! Wir stochern fast blind durch das Schneetreiben, können uns nicht entscheiden: Licht aufblenden oder nicht? Zusatzscheinwerfer an oder aus? Der Gegenverkehr blendet, hier sind Zusatzscheinwerfer Standard. Gut für die Fahrer der Fahrzeuge, an denen sie montiert sind, schlecht für den Gegenverkehr. Das Visier ist voll Schneeregen, jedes bisschen Licht wird gebrochen, wir nehmen unsere Umwelt sowieso nur noch schemenhaft wahr. Kommt dann ein Fahrzeug aus der Gegenrichtung mit voller Zusatzbeleuchtung, ist absoluter Blindflug angesagt. Ich entscheide mich zum „Gegenangriff" und schalte an Pet alle verfügbaren Lampen auf volle Leuchtkraft voraus. Wirklich mehr sehen tue ich dadurch allerdings nicht. Irgendwie sehen wir auch ohne Gegenverkehr immer weniger in diesem Mistwetter, je dichter die nassen Flocken fallen und je weniger die Sonne über den Horizont lugt – falls sie das überhaupt noch tut.

Wir nehmen die Herausforderung an, wir müssen da durch, für morgen hatten wir schon im April das Zimmer im Eishotel gebucht. Das Eishotel ist der einzige wirklich wichtige Fixpunkt der Reise. Schaffen wir das nicht, sind nicht nur einige hundert Euro weg, sondern auch das komplette Erlebnis. Das Eishotel ist jeden Winter innerhalb weniger Tage komplett ausgebucht! Wenn wir das Nordkap nicht schaffen, so erreichen wir wenigstens das Eishotel, so der Plan. Wir müssen uns durch das Wetter und die schwierigen Straßenverhältnisse durchbeißen. Und wie wir an diesem Tag beißen!

Nach etwa 100 km hört der Spuk mit dem Zeug, was hier alles so vom Himmel fallen kann, wieder auf und wir erreichen die Grenze zu Schweden bei Pello. Es ist, als wären wir erst das zweite und dritte Fahrzeug des

Tages, das die Grenze passiert, denn der Schnee zwischen den Grenzhäuschen ist sehr tief und fast unberührt. Es fährt sich wie tiefer Sand in zu geringem Tempo. Die folgenden drei Kilometer bleiben so schlingerich und schweißtreibend, dann ist der Übergang von Finnland nach Schweden geschafft und es fühlt sich auch irgendeine Straßenwacht wieder zuständig. Der heftige erneute Schneefall ist frisch gefräst und so rollen wir recht entspannt weiter auf der wirklich auch im Winter landschaftlich äußerst reizvollen Straße bis Junosuando, einem 375-Seelen-Dorf, 230 km von Rovaniemi entfernt, mit einem Traum von Guesthouse!

Ein schwedisch-kanadisches Paar hat ein typisch schwedisches Holzhaus mit wahnsinnig viel Liebe hergerichtet, sodass man sich sofort wie in Bullerbü fühlt! Kaum angekommen fotografieren wir vor lauter Begeisterung einfach alles. Das Beste ist eindeutig das Zimmer, in dem ein mit herrlich duftenden Pfefferkuchen geschmückter Weihnachtsbaum wie aus dem Bilderbuch steht. Dorthin verziehen wir uns für eine Weile, liegen Arm in Arm auf dem Sofa, atmen das Pfefferkuchenaroma ein, schauen in die Weihnachtsbaumbeleuchtung und genießen das große Glück des Hier und Jetzt. Das Glück, uns gefunden zu haben, das Glück dieser Reise, das Geschenk, diese Unterkunft gefunden zu haben, das Geschenk dieser ganzen wunderschönen Erfahrungen und Erlebnisse!

Wir sind froh, durch die Zeitumstellung zwischen Finnland und Schweden eine Stunde mehr Zeit für dieses Kleinod gewonnen zu haben. Nach einem Winterspaziergang durch das Dorf setzen wir uns gemütlich vor das lodernde Kaminfeuer und lassen einen weiteren ereignisreichen Tag ausklingen. Morgen geht es bis Kiruna ins Eishotel.

NORDLICHTER UND DIE MAGIE DES EISES

„Nur unterwegs erfährt man das Gefühl märchenhafter Verwunschenheit."

Erich Kästner

31.12.2016, Jukkasjärvi: Glücksflash im Eishotel

Heute ist Silvester, wir lassen uns Zeit, wir müssen nur noch rund 120 km bis zum Eishotel fahren. Es ist Samstag und Jan zaubert aus den gestrigen Einkäufen ein fürstliches Wochenendfrühstück in der Küche des Guesthouses: Lachs, Rührei, Orangensaft, Toastbrötchen … Wir genießen den gemütlichen Morgen in unserer romantischen Unterkunft, schauen den Vögeln am Vogelhäuschen zu und können uns kaum von der schwedischen Holzhausromantik trennen. Endlich fühlt es sich so richtig nach Hochzeitsreise an! Wir haben Zeit für uns, genießen den Moment, die gemeinsame Zeit. Unserem ersten und vielleicht auch wichtigstem Ziel sind wir sehr nah: dem Eishotel.

Jan und ich sind es gewohnt, miteinander Projekte wie auch dieses Buch zu planen und durchzuziehen und bis gestern Abend hat sich die Reise eher wie ein Projekt als eine Hochzeitsreise angefühlt: Motorräder vorbereiten, Ausrüstung zusammensuchen, Informationen sammeln, losfahren und fahren, fahren, fahren. Natürlich macht uns das Fahren Spaß und gerade weil jeder Tag immer neue Untergründe bietet, haben wir als offroadbegeisterte Endurofahrer ziemlich großen Fahrspaß. Aber es ist ja auch unsere Hochzeitsreise und die Zweisamkeit kommt dabei eindeutig zu kurz: jeden Abend kurz die Motorräder checken, die Fotos und Videos sichern, alle Akkus laden, die Erlebnisse notieren, Blogposts schreiben, Route planen, Unterkunft suchen, Essen kochen …

Wir sind routinierte Reisende, doch wir reisen nicht wirklich alleine. Weil wir die gesamte Reise von unseren Verwandten, Freunden und Hochzeitsgästen in unzähligen kleinen Einzelbeträgen finanziert bekommen haben, möchten wir alle, die uns diese Tour ermöglicht haben, auch daran teilhaben lassen. Dazu haben wir ja das Online-Blog geschaffen, auf dem wir versprochen haben, etwa alle zwei Tage etwas von uns lesen zu lassen. Ein Versprechen, was wir nicht halten können, denn wie schon beschrieben fehlt es uns an Internet in unseren Unterkünften. Mittlerweile haben wir außerdem festgestellt: Nicht unsere Freunde und Bekannten verfolgen unsere Reise, sondern fast nur Fremde! Unsere Reise hat sich durch die sozialen Medien rasend schnell verbreitet, am Ende der Reise werden wir 30.000 Zugriffe auf unser Blog feststellen. Völlig fremde Menschen fiebern mit uns mit, sitzen jeden Tag gefühlt auf dem Soziussitz, feuern uns online an, geben uns moralische Unterstützung. Es ist erfreuend zu sehen, dass wir mit unserer Hochzeitsreise andere Menschen inspirieren und motivieren können. Doch all das kostet Zeit, die wir nicht für uns als Hochzeitspaar nutzen können. So tut der gemütliche Morgen in unserem schwedischen Holzhaus unendlich gut!

Wir wissen beide von vorherigen Reisen, dass „Reisen" und „Urlaub machen" zwei komplett unterschiedliche Konzepte sind und unsere Art des Reisens manchmal mehr „Arbeitsalltag" gleicht als „Ferien". Doch wir lieben es, so unterwegs zu sein und könnten uns auch nichts anderes vorstellen. Bei einer normalen Reise gibt es jedoch immer genug Möglichkeiten, das Tempo herauszunehmen, innezuhalten und Pause zu machen, doch bei dieser Reise war bis heute alles auf das erste Ziel, das Eishotel ausgerichtet. Das mussten wir schaffen! Seit gestern ist klar: Wir schaffen es! Auch das führt dazu, dass wir hier in Junosuando ein echtes „honeymoon-feeling" entwickeln und der heutige Morgen sehr entspannt ist. Es ist so schön, zusammen hier zu sein!

Die Moppeds springen bei -9 °C sauber an, nur bei Flöckchen bleibt der Chokezug hängen. Nicht der Zug selber (den hatte ich in ausgehängtem Zustand mit so viel Waffenöl geflutet, dass es in Strömen unten herauslief), sondern die Mechanik, auf die der Zug greift. Daher zieht Jan abends immer den Choke, der dann nachts in der richtigen Startposition festfriert. Nach einigen Kilometern taut der Choke dann aber immer wieder auf. Die kleine Pet hat sich ausgedacht, bei Öltemperaturen unter -9 °C das Neutrallämpchen leuchten zu lassen – unabhängig davon, ob man gerade mit 80 km/h vor sich hin rollt oder tatsächlich im Neutralgang steht. Auch das „Problemchen“ erledigt sich immer nach einigen Kilometern von selbst.

Leider ist -9 °C auch genau die Temperatur, ab der ich es kaum noch schaffe, den kleinen Motor anzukicken. Das gute Putoline-Öl ist zwar bis -32 °C pumpfähig, wird aber trotzdem zäher, je tiefer die Temperaturen in den Keller sinken. Gut, dass Jan etwas mehr Kraft und Gewicht auf den Kickstarter bringt, um die kleine Pet jeden Morgen zu wecken. Jan nennt das natürlich „persönliche Beziehung zu Pet“ und bestreitet, dass es auch nur irgendetwas mit seinem in etwa doppelten Körpergewicht zu tun haben könnte …

Wir haben nur knappe 120 km bis zum Eishotel in Jukkasjärvi bei Kiruna zurückzulegen, davon etwa 30 km auf der Europastraße bei relativ konstanten -15 °C. Wer übrigens meint, eine Europastraße sei im Winter geräumt und gestreut, der irrt gewaltig! Wir sind bisher nicht viele Kilometer auf den „Großen E“-Straßen gefahren, aber jedes Mal waren diese auch komplett vereist mit Schneestreifen zwischen zwei schwarzen Eisspuren. Der Unterschied ist, dass „Hinz und Kunz“ auf den großen Straßen fährt, also reichlich Verkehr herrscht und die vielen Fahrzeuge extrem nerven. Die Nebenstrecken, die wir nutzen, sind weniger befahren, haben meist geschlossene Schnee- und Eisdecken und führen durch herrliche Landschaften. Bei dem geringen Verkehr und den wenigen Kilometern rollen wir ruhig und entspannt dahin, halten häufig und versuchen, diese wunderschönen Pastellfarben der kalten Luft mit unseren Kameras festzuhalten. Auf dem

Weg nach Kiruna bewegen wir uns schon deutlich über dem Polarkreis und genießen die noch verbliebenen Lichtstrahlen.

Im Eishotel angekommen ernten wir nur beim Check-In einige ungläubige Blicke, dann gehen wir mit unseren „Teletubbie"-Anzügen in der Masse unter. Jeder Gast des Hotels bekommt für die Dauer seines Aufenthaltes einen Schneeoverall gestellt, auf Wunsch auch Mütze, Handschuhe und Stiefel. Somit erklärte sich auch die zunächst verwirrende Frage der Dame an der Rezeption mit Blick auf unsere Anzüge, von welchem Ausflug wir kämen, um einzuchecken. Sie hatte gar nicht erkannt, dass wir keine Hoteloveralls tragen. Schaut man sich in der Anlage um, so sieht es fast aus, als sei sie von bunten Teletubbies bevölkert.

Man kann im Eishotel in „Cold Rooms" übernachten, also denen aus Eis, und in „Warm Rooms", kleinen roten schwedischen Hüttchen. Wir hatten „Cold Room" gebucht, dürfen das aber erst ab 18 Uhr nutzen, denn vorher ist das Eishotel eine Sehenswürdigkeit, die Eintritt kostet, der sich aber lohnt! Das Eishotel wird jedes Jahr neu gestaltet, es schmilzt ja im Sommer und wird jeden Winter neu aufgebaut. Die Hotelanlage liegt an einem Fluss, aus dem die Eisblöcke geschnitten werden, die dann das Baumaterial des Hotels ergeben.

Wir betreten das Eishotel mit den anderen Tagesbesuchern durch den Haupteingang und kommen aus dem Staunen nicht heraus. Es übertrifft unsere komplette Vorstellungskraft! Einmalig schön! Wir geraten in eine Art Glücksflash, erkunden und fotografieren jede Ecke der Anlage, sind völlig hin und weg vor Begeisterung über die Schönheit des Eishotels. Die teuersten Zimmer sind von handverlesenen Künstlern erschaffen, mit teils verträumten Themen wie „Infinite Love" bis hin zu gruseligen Gestaltungen wie „La petite morte", in der das Bett in einem aufgerissenen

Katzenmaul steht, umgeben von Katzenkrallen, die beim Betreten nach den Gästen zu greifen scheinen. Jedes Zimmer für sich einzigartig und atemberaubend! Unser „Standardzimmer" besteht „nur" aus riesigen Eiskristallen, inmitten derer eine Matratze auf einem Holzpodest von Eisblöcken umgeben thront. Diese billigsten Zimmer sind in Wirklichkeit nicht wirklich billig: Um die 600 € kostet unseres, inklusive Frühstück. Auch das ein Hochzeitsgeschenk, für das Freunde zusammengelegt haben.

Im Eishotel herrschen konstante Temperaturen von -5 bis -8 °C, sodass man als Übernachtungsgast eine „How to survive a subzero night"-Schulung erhält. Dabei bekommt man eigentlich nur erklärt, wie man in einem Schlafsack mit Inlay schläft. Wir müssen schmunzeln, sind wir doch Winternächte im Zelt gewöhnt und haben unsere eigenen wintertauglichen Schlafsäcke dabei, doch die Mehrheit der Gäste lauscht aufmerksam den Erklärungen. Im Zimmer selbst gibt es in der „Billigklasse" außer dem Bett keine Eismöbel, sodass man das Gepäck in großen Schließfächern im Umkleideraum verstaut. Wer wie wir seine Akkus aufladen möchte/muss, kann dafür ein Mini-Schließfach mit einer Steckdose haben. Es ist wirklich für alles gesorgt! Wem es zu kalt wird, kann sich in der Sauna aufwärmen und literweise kostenfreien heißen Preiselbeersaft trinken. Oder Flusswasser, direkt aus dem Tome Fluss, an und aus dem das Eishotel gebaut ist. Ach ja, sanitäre Einrichtungen gibt es natürlich in keinem der Eiszimmer, dazu müssen alle Gäste das Gemeinschaftsbad nutzen, das mehr den sanitären Einrichtungen einer Turnhalle als denen eines Sternehotels ähnelt. Zweckmäßig, aber sauber und mit Toiletten und Duschen in ausreichender Anzahl, gibt es keinen Grund zur Beschwerde.

In das Eishotel integriert ist auch eine aus Eisblöcken gestaltete kleine Kapelle, in der gerade eine Hochzeit stattfindet. Ich treffe die Braut in ihrem wunderschönen weißen Wollcape auf der Toilette und wünsche ihr von ganzem Herzen, dass ihre Ehe genauso magisch wird wie meine. Ich erzähle ihr, dass wir gerade auf Hochzeitsreise sind, daraufhin sind wir beide so ergriffen, dass mir die Tränen in die Augen schießen. Ich hoffe sehr, dass ihre Hochzeit im Eishotel unter einem guten Stern (oder Eiskristall) steht und dass dieses Ehepaar genauso traumhafte Erlebnisse teilen wird wie Jan und ich.

Zum Hotel gehört auch ein Restaurant, das zu den Top 10 der schwedischen Gastronomie zählt. Dort haben wir das Silvesterdinner vorbestellt, das uns auch von lieben Freunden finanziert wurde. Als gegen 18 Uhr mein Handy klingelt, kann ich es fast nicht glauben: Ein Freund von uns ist mit seinem Sohn in einem uralten roten Volvo in Schweden unterwegs und die beiden haben spontan beschlossen, mit uns Silvester zu feiern. Wer uns für verrückt hielt, darf sich nun eines Besseren belehren lassen: Vater Wilm und Sohn Finn sind ohne Spikes unterwegs!

Wir haben für 21 Uhr unseren Tisch im Restaurant des Eishotels reserviert, an dem spontan auch unsere Überraschungsgäste sitzen dürfen. Vor zwei Jahren hatten wir in Wuppertal zusammen Silvester gefeiert, nun wiederholen wir das im Eishotel. Wir sind schwer beeindruckt von unseren Freunden, die nicht nur finanziell, sondern nun auch durch persönliches Erscheinen diese Eisreise unterstützen! Das Essen selbst ist mehr als exquisit, Vor- und Nachspeise werden sogar „on the rocks“, also auf einem großen Eisklotz serviert.

Mitten beim Risotto leert sich plötzlich der Saal und alle strömen ins Freie. Wir denken zunächst, es handele sich um eine kollektive Raucherpause, bis uns vom Nebentisch der Hinweis zugeraunt wird: „Aurora“. Und tatsächlich, da wabert ein sehr blassgrünes Nordlicht in breitem Streifen über den Himmel. Silvester im Eishotel ist nun wirklich perfekt! Es ist mein erstes Nordlicht und ich bin erstaunt, dass man die Sterne dahinter sehen kann. Was für ein Zauber, welche Magie liegt bloß über dem Eishotel? Ich fühle mich wie frisch verliebt, es hätte keinen besseren Ort für diese „Hochzeitsnacht“ geben können! Fotografieren lässt sich das Nordlicht schlecht – zumindest haben wir nur die „kleine Knipse“ einstecken und da sieht man wenig im schwarzen Nachthimmel …

Kurz vor Mitternacht strömen alle auf den zugefrorenen Fluss, der wunderschön mit Teelichtern im Schnee dekoriert ist. Man kann Papierballons steigen lassen und Wilm, Finn, Jan und ich stoßen mit heißem Preiselbeersaft auf das neue Jahr an. Es ist SO SCHÖN! Eines der schönsten Silvester überhaupt! Nur ohne „Teletubbieanzug“ doch ziemlich kalt, sodass Wilm und Finn gegen 0:30 Uhr in ihre Unterkunft nach Kiruna fahren und wir in unser -5 bis -8 °C „warmes“ Eiszimmer einziehen. Dazu bekommt man einen dicken Winterschlafsack und, ganz toll, die gibt es auch als Doppelschlafsack. Davon habe ich schon immer geträumt! So kuscheln wir uns dann in den riesigen Schlafsack und verbringen eine traumhafte Eisnacht. Und nein, es wird in neun Monaten kein Software-Update geben!

❄

01.01.2017, Hetta: Winterferien mit britischen Kindern

Wir haben den Weckdienst für 7:15 Uhr bestellt, weil wir das wenige Tageslicht, das es hier noch gibt, zum Fahren nutzen möchten. Der Weckdienst kommt sehr nett mit einem Spezialrucksack, aus dem heißer Preiselbeersaft ans Bett serviert wird. Die angepriesene morgendliche „Sauna zum Auftauen" brauchen wir nicht, wir haben herrlich geschlafen – nur viel zu kurz. Das Frühstück ist umfangreich, wobei ich eigentlich von der Fähre an immer nur heißen Getreidebrei wähle, der überall anders schmeckt, aber immer lecker. Das scheint eine skandinavische Frühstücksspezialität zu sein – und ich liebe Porridge!

Mit Erlaubnis des Hotels dürfen wir mit den Motorrädern durch die Hotelanlage fahren und direkt vor dem Haupteingang des Eishotels Fotos machen. So cool! Übrigens auch cool: Innerhalb der Anlage ist der Schnee von 1.000 Füßen eisglatt festgetreten, sodass man an der Rezeption Schuhspikes kaufen kann und es insbesondere bergauf sehr rutschig ist. Mit den Motorrädern jedoch fährt es sich dort viel besser, als dass es sich läuft.

Um zum ersten Tagesziel des neuen Jahres zu gelangen, stehen 230 km auf unserem Programm, davon die ersten 60 km wieder retour, zum Teil auch auf der Europastraße. Dort läuft eine arme verwirrte Elchkuh am Zaun entlang. Der erste Elch auf dieser Reise, Gott sei Dank bei „Tageslicht“ und abseits der Straße und nicht darauf!

Wir biegen auf eine kleinere Straße Richtung Finnland ab und werden mit neuen Straßenverhältnissen überrascht: eine Eisschlaglochpiste! Wahrscheinlich ist unser Gabelöl bei den Temperaturen seeehr zäh, jedenfalls zerrüttelt diese Eislochpiste ganz schön die Handgelenke! Das Thermometer bewegt sich den ganzen Tag nicht von -12,8 °C weg, sodass die Lösung wie so oft in der Geschwindigkeit liegt. Ab 70 km/h gleiten die Motorräder über die Löcher und wir fahren gelassen, während wir über die Intercoms darüber philosophieren, warum wir uns zwar so intensiv mit dem Motorenöl beschäftigt haben, aber keinen einzigen Gedanken unserem Gabelöl gewidmet haben!

Locker rollen wir dahin, aber doch immer mit wachsamem Auge in die Ferne, denn nicht nur die wirre Elchkuh begegnete uns am Straßenrand, auch Rentiere sind unterwegs. Bis zum Bauch im Schnee stehend sehen sie zunächst aus wie schneefreie Felsen im Straßengraben, aber wenn man weiß, worauf man achten muss, erkennt man sie auch bei Dämmerlicht. Landschaftlich sind wir in der Tundra angekommen: Steppe mit ein paar Sträuchern, sonst nix.

Entspannt, aber im Dunkeln kommen wir bei unserer Unterkunft auf dem Hof an. Es ist mal wieder das einzige freie Bett im Umkreis von knapp 100 km, denn Hetta hat, wie wir vor Ort erfahren, ein Rollfeld, auf dem alle drei bis vier Tage ein Flieger aus England Winterurlauber nach Lappland bringt. Unsere Unterkunft ist auf Urlaub mit Kindern spezialisiert und mit den „hübschesten" Kindern, die Nordengland so zu bieten hat, sitzen wir dann nach einem Saunagang in einem absolut urigen Speisesaal, der aussieht wie eine Skihütte aus den 1960ern. Es ist einfach unglaublich, dass wir auf dieser Reise immer wieder Schwierigkeiten haben, Unterkünfte zu finden! Es scheint sich um eine äußerst beliebte Winterurlaubsgegend zu handeln, ordentlich sortiert nach Herkunft: Asiaten in und um Rovaniemi, betuchte Londoner rund um Kiruna, speckige Nordengländer rund um Hetta. Wir lassen uns von der kindgerechten Dekoration mit roten Wichteln, Zwergen und reichlich Lametta nicht irritieren und schlafen schnell und erschöpft nach einem langen Tag ein.

BITTERKALT

„Das Leben ist entweder ein wagemutiges Abenteuer oder Nichts.“

Helen Keller

02.01.2017, Alta: Norway is not Finland!

Mist! Es hat über Nacht geschneit! Wir haben ganz vergessen, die Motorräder abzudecken! Für genau den Fall hatten wir ja auf dem Weg zur Fähre noch die Wäscheklammern gekauft, um die Maschinen mit Ponchos abzudecken. Wir bekommen einen Besen und beginnen, Flöckchen und Pet auszubuddeln.

Während wir damit beschäftigt sind, kommt der Busfahrer eines Reisebusses auf uns zu, nachdem er eine Gruppe Engländer in bunten Winteroveralls zu einer Rentierfarm gebracht hat. Er erkundigt sich nach unserer Route und rät uns dann energisch davon ab. Wir wollten ursprünglich über Kautokeino nach Karasjok fahren, jedoch sei diese Straße in schlechtem Zustand, voll Schlaglöcher, sehr eng, viele Kurven, viele Auf- und Abfahrten und wahrscheinlich schlecht geräumt. Wobei sich „geräumt“ nur darauf bezieht, dass frische Schneemassen entfernt werden und dadurch die Eisschicht nur noch mehr Längsrillen bekommt. Ein Spruch des Busfahrers bezüglich norwegischer Straßenverhältnisse wird uns im Gedächtnis bleiben:

„Norway is not Finland!“ … Er empfiehlt uns die Route über Alta.

Da er regelmäßig Touristen zum Nordkap fährt und selbst aus Alta ist, nehmen wir seinen Ratschlag dankend an und disponieren um. Natürlich hat der Busfahrer auch einen Campingplatz samt selbst gezeichneter Wegbeschreibung für uns parat. Also los!

Das Thermometer an der geschützten Hauswand zeigt -15,8 °C. Da ist schon klar, das wird heute kalt! Die kleine Pet will eigentlich gern anspringen, jedoch reicht mir die Kraft (oder das Körpergewicht?) wieder nicht, um den Kickstarter mit genug „Schmackes“ zu treten. Als Jan zutritt, schnurrt sie gleich los, was ja angeblich an seinem sehr gefühlvollen Kick liegt. Außerhalb der „Stadt“grenze von Hetta fällt das Thermometer sofort auf -20 °C und tröpfelt beständig abwärts, bis es sich bei -25 °C einpendelt. Der Tacho pendelt sich bei ca. 60 bis 70 Stundenkilometern ein. Wir lassen regelmäßig den Blick über die Kontrollleuchten schweifen. Jan meldet sich mit einem leicht besorgten Ton über das Intercom, dass dies heute kein „normaler" Fahrtag zu werden scheint. Der Himmel ist weißgrau, so auch der Rest der Landschaft. Viel gibt es nicht mehr, was heraussticht. Keine Birken mehr, kaum noch Sträucher. Die Landschaft ist leicht hügelig mit einzelnen langen Kurven, die auf der Karte eigentlich eine konstante Gerade darstellen. Verkehr ist nicht vorhanden und wir mummeln uns, mit wiederholenden Blicken auf die Thermometer, auf Pet und Flöckchen ein, Heizgriffe eine Stufe nach oben, Schalterkontrolle der Heizweste. Es fühlt sich beim Fahren spacig an. Immer wieder schweift der Blick über die Steckverbindungen und Kontrolllampen des Cockpits; Check!

Jan wird plötzlich langsamer und ein Fluchen ist über das Intercom zu hören. Was ist da los?

„Mein Heizvisier funktioniert immer noch nicht! Das Visier ist von innen zugefroren und meine Wimpern frieren beim Blinzeln aneinander fest."

Ich glaub, ich höre schlecht! Wimpern frieren fest? Jan fährt wegen des nicht funktionierenden Heizvisiers bei -25 °C mit halb geöffnetem Visier. Er hält vor mir an und wuselt an seinen Alukoffern herum, bis er gefunden hat, was er sucht: die Neoprenhaube. Es geht nach fünf Minuten weiter. Die Geschwindigkeit nimmt erneut ab. Jan kratzt mit der linken Hand von innen das halb geöffnete Visier frei, was ich durch die Intercom als schabendes Geräusch direkt und unangenehm ins Ohr geliefert bekomme. Ich drehe die Lautstärke etwas zurück. Das wird dann wohl ein langer Tag heute …

Beim Tankstopp in Kautokeino ist mein Tankdeckel zugefroren, sodass ich versuche, ihn mit Türschlossenteiser zu öffnen. Auch das ist eine Erfahrung: Das Zeug läuft flüssig wie Wasser aus der Flasche, weil es unter Jans Daunenjacke direkt am Körper mit reist. Auf meinem Plastiktankdeckel wird der Enteiser jedoch sofort zäh wie Haargel, sodass nur ein paar beherzte (und zugegeben wütende) Schläge mit der Zapfpistole helfen.

Rund um Kautokeino erleben wir ein Wetterphänomen, das wir auch Monate später noch nicht verstanden haben. Die Luft ist trotz ihrer -25 °C extrem feucht und neblig, sodass Jans defektes Heizvisier nun komplett zufriert und wir von außen eine Eisschicht an den Klamotten, Motorrädern und Gepäck ansammeln. Daher wohl auch der gefrorene Tankdeckel! Wir können uns nicht vorstellen, wie es möglich ist, dass so kalte Luft so viel Feuchtigkeit enthält. Dies führt auf der Weiterfahrt bei Temperaturen bis -28,8 °C dazu, dass auch mein Heizvisier nur noch so viel schafft, dass ein kleiner Sichtbereich frei bleibt. Der Rest des Visiers vereist völlig, auch von innen und ich würde es gern gelegentlich wie Jan von außen und innen freikratzen, aber das Visier ist am Helm festgefroren! Das Schmelzwasser und mein Atem sind in die Mechanik gelaufen und der Eisnebel hat sein Übriges dazu getan. Ich bin im Helm gefangen, na toll! Jan hat vom Eisnebel weiße Augenbrauen und ab und zu kleben auch meine Wimpern aneinander. Ich merke, dass es nach manchen Wimpernschlägen schwerfällt, die Augen wieder zu öffnen: Die von der eiskalten Luft tränenden Augen lassen die Wimpern aneinander festfrieren. Ist das krass! Und lustig zugleich, denn an so etwas hätten wir niemals gedacht. Im Helm!

Die zugefrorenen Visiere verlangsamen unsere Fahrt ungemein. Durch den Eisnebel frieren die Visiere nach nur wenigen Kilometern immer und immer wieder zu, sodass wir immer und immer wieder anhalten, um uns die Sicht freizukratzen. Ich glaube, Jan hat mittlerweile auch den Lautstärkeregler heruntergedreht. Das Kratzgeräusch ist wirklich unangenehm! Das nächste Mal nehmen wir kleine Eiskratzer mit oder erfinden Motorradhandschuhe, die statt der oft integrierten Gummilippe zum Abziehen von Regentropfen einen Eiskratzer am linken Zeigefinger montiert haben!

Ein weiteres Phänomen der Kälte ist übrigens unsere zu Leder mutierte Gesichtshaut und so aufgesprungene Hände, dass wir morgens beim Anziehen mit unserer Haut in den Funktionsklamotten hängen bleiben, so rau ist sie.

Trotz der eisigen Kälte ist uns selbst aber gar nicht kalt. Wir hätten sogar beide noch „aufrüsten“ können, müssen das aber nicht. Jan spürt den kalten Fahrtwind etwas an den Oberschenkeln, ich an den Oberarmen, das war's. Eine kuriose Kältestelle haben wir beide: Als wir nach knapp sieben Stunden Alta erreichen, ist meine linke Ferse schmerzend kalt, Jans rechte Ferse. Ansonsten wundern wir uns über zwei Autos, die in einer ausgeschilderten (!) Linkskurve unabhängig voneinander im Tiefschnee gelandet sind. Und darüber, dass wir trotz voller „Tannenbaumbeleuchtung“ mit Aufblendlicht und zwei Zusatzscheinwerfern ziemlich wenig sehen. Später finden wir heraus, dass die feuchte Luft natürlich nicht nur uns vereist hatte, sondern auch die Scheinwerfer. Daran hatten wir gar nicht gedacht!

Ob es wohl Scheinwerferheizung gibt? Oder hätten wir besser Teelichter statt LED-Lampen verbaut?

Es geht einen spektakulären Canyon nach Alta hinunter, jedoch können wir davon leider keine Fotos machen, denn 1. ist es dunkel und 2. ist den Kameras schon längst der Saft ausgegangen. Die extreme Kälte ist für all unsere Elektronik nicht einfach, wir sind aber erstaunt, wie gut alles trotzdem funktioniert! Unsere Intercoms zum Beispiel sollten ja laut Herstellerangaben nur bis -10 °C funktionieren, heute bei der 2,5-fachen Kälte funktionierten sie aber den halben Tag völlig problemlos – bis sich mein Akku dann doch irgendwann in den Winterschlaf verabschiedete.

Bei Ankunft auf dem Campingplatz in Alta zieht Jan eine triefende Ölspur mit dem rechten Fuß über den gesamten Boden der Rezeption. Mir ist das so unendlich peinlich. Gut, dass es nur Linoleum ist und kein Holzboden. Der Campingplatzwirt reicht erst mal heißen Tee und holt dann eine ganze Ladung Papierhandtücher, um das Malheur zu beseitigen. Weil Jan keine Lust hat, bei -20 °C im Freien nach der Ursache zu suchen, fährt er Richtung Stadt, wo eine Motorradwerkstatt sein soll, zu dem unser Wirt Jan sofort geschickt hat.

Doch Jan kommt nicht weit. Nach nur drei Kilometern ruft er mich an. Ventilabriss am Hinterrad! Er will sich melden, wenn er eine Lösung hat. Er ruft nicht an, also finde ich eine Lösung und fahre die 10 km vom Campingplatz nach Alta, um einen Schlauch zu besorgen.

Als ich im Motorradladen ankomme, ist die blöde Mechanik, um den Klapphelm zu öffnen, völlig eingefroren. Ich bin schon wieder im Helm gefangen, denn aus dem Ding kommt man nicht anders heraus als mit hochgeklapptem Kinnteil. Ich versuche, das Gefängnis auf dem Kopf aufzutauen, indem ich im Laden im Türbereich stehen bleibe, wo ein Warmluftgebläse ordentlich Luft pustet. Immer wieder ruckele ich am Helm, doch es bringt nichts. Mir wird warm in den dicken Winterklamotten mitten im warmen Luftstrom, nur meinen Helm scheint das nicht zu kümmern. Immerhin kann ich nach einer Weile das Visier so weit öffnen, dass ich mit dem Verkäufer sprechen kann. Der Helm selbst bleibt wie zubetoniert auf dem Kopf.

Jan braucht einen 140er Schlauch, es gibt aber in 17 Zoll nur einen Schlauch 120er oder einen in 160er Breite. Ich entscheide mich für den 120er und kaufe gleich für die kleine Pet auch noch 4 mm dicke Motocross-Schläuche in Reserve, sicher ist sicher. Bisher hatten wir zwei Reifenpannen und keine war mit Flickzeug oder Pannenspray zu beheben. Übrigens zeigt sich hier wieder, was ich schon von Ulaan Bator bis Tübingen erlebt habe: 17 Zoll-Schläuche sind unterwegs absolute Mangelware! 18 Zoll gibt es überall, wo man Enduro oder MX fährt, passende 17 Zoll gefühlt nur als Lottogewinn, sei es in Norwegen oder in der Mongolei, Russland oder dem Baltikum.

Als ich zurück auf den Campingplatz komme, ist Jan auch schon da – ohne Motorrad. Es stellt sich heraus, dass sein Schlauchventil etwa 50 m von einem Reifenhändler entfernt abgerissen ist. Dort steht Flöckchen jetzt in der Werkstatt und am nächsten Tag um acht Uhr will man dort mit der Arbeit beginnen, einen Schlauch habe man auch auftreiben können. Warum das Ventil einfach so in einer Baustelle im Stadtverkehr abgerissen ist? Wir wissen es nicht. Der Reifenhöker vermutet, dass es an der Kälte liegt, weiß aber auch keinen wirklichen Rat. Eventuell hätten dicke MX-Schläuche das verhindert, aber wirklich wissen wir das nicht.

Jan schafft es endlich mit etwas roher Gewalt, das Eis in der Helmmechanik aufzubrechen und ich komme endlich aus dem Helm heraus. Wir betrachten den Helm und stellen fest: eine absolute Fehlkonstruktion! Der Mechanismus sitzt genau vorne am Kinn, das

Schmelzwasser, das das Heizvisier selbst produziert, läuft genau dort hinein. Und der eisige Fahrtwind trifft logischerweise auch genau von vorne auf den Helm und bläst direkt in die Verschlussmechanik. Da haben die italienischen Konstrukteure nicht nachgedacht, wir werden also noch öfter im Helm einfrieren!

Wir lassen uns im Lädchen des Campingplatzes vom netten Hüttenwart norwegische Fischfrikadellen empfehlen, was jedoch eine schlechte Wahl ist. Wahrscheinlich werden Millionen norwegische Kinder mit dem Zeug groß gezogen, aber Fisch ist da höchstens in Form von Fischmehl drin und der Kram führt nur dazu, dass unser Mini-Apartment bis zur Abreise nach Bratfett stinkt. Ab jetzt gibt's dann halt wieder den Dauerbrenner Nudeln mit Tomatensauce …

❄

03.01.2017, Honningsvåg: Verrückter geht's nicht!

Nach dem frühen Frühstück spielt die kleine Pet Taxi und mit Jan auf dem Soziussitz fahren wir zum Reifenhändler. Eigentlich ganz gemütlich zu zweit! Wenn Flöckchen ernsthaft krank sein sollte, wäre ich bereit, mit Jan als Sozius bis zum Nordkap zu fahren! Flöckchen hatte über Nacht in der geheizten Werkstatt des Reifendienstes eine Ölpfütze hinterlassen und zeigt bereitwillig ihr Problem: Wahrscheinlich aufgrund der Kälte (oder des fortgeschrittenen Alters?) hat sich ein Gummipfropfen aus der Ventildeckeldichtung gelöst und um einige Millimeter geöffnet. Daraus sprüht das Öl dann auf die ganze rechte Seite – und das nicht zu knapp! Jan kann den Stopfen aber wieder einsetzen und mit Silikondichtmasse zusätzlich fixieren.

Währenddessen murkst sich der Reifenmensch „Kim" mit dem Schlauch einen ab. Es stellt sich heraus, dass er sich am Vorabend für den größeren der beiden im Ort verfügbaren Schlauchtypen entschieden hatte und das nicht so richtig passen will. Also wieder zu zweit auf der kleinen Pet bei immer noch -22 °C zurück zum Campingplatz – wo ja meine Einkäufe des Vorabends lagern – und den 120er Schlauch holen. Der passt besser und so können wir gegen halb zwölf die Fahrt Richtung Nordkap endlich fortsetzen. Der Campingplatzwirt ruft uns noch zu, es sei kalt: -24 °C! Er irrt sich um zwei Grad, es sind bei Abfahrt in Alta nur -22,2 °C. Wem jetzt noch nicht kalt ist, der sollte besser noch mal aufstehen und sich doch die Wärmflasche holen …

Wir biegen auf die Europastraße ein und haben eine tief verspurte und zerfurchte Straße vor uns, denn vor einigen Tagen hatte es getaut und zusätzlich besteht im Winter Schneekettenpflicht für Lkws, die das ganze Eis unförmig zerschlagen. Kann da nicht mal einer die Schneefräse rufen? Das muss doch nicht sein! Pet und Flöckchen fahren wie auf rohen Eiern, es beutelt uns beide regelrecht hin und her, da ist nichts, was wir machen können – außer uns über die ungepflegte Straße zu ärgern und an den Busfahrer von gestern zu erinnern: „Norway is not Finland!". Wir verstehen jetzt voll und ganz, was der Mann meinte. Hier war schon länger keine Straßenwacht mehr unterwegs. Die Straße fühlt sich unter uns an, als hätte jemand tonnenweise Eiswürfel auf den Asphalt gekippt, grob in sich ständig kreuzende Fahrspuren geharkt und dann mit Schnee bestreut. Geradeaus kein Problem, aber um aufs 400 m hohe Fjäll hochzukommen, gibt es eine Menge Kurven, in denen die Geschwindigkeit einfach nicht hoch genug werden kann, um damit wirklich klarzukommen. Später auf dem Fjäll wird es besser. Da oben kann man die Kiste geradeaus laufen und unter sich frei pendeln lassen, ganz nach dem Motto: „Soll sie doch machen, was sie will!"

Es ist wun-der-schön! Leider auch bit-ter-kalt, denn mit jedem Höhenmeter fällt die an sich schon frostige Temperatur noch tiefer. Letztendlich fällt sie auf -36,7 °C, meine Kamera ist bei -32,8 °C ausgestiegen, Jans wollte schon früher nicht mehr fokussieren.

Auch die kleine Pet will nicht mehr so recht und Jan hat mit seiner Super Ténéré ebenfalls Mühe. Bei -37 °C scheinen wir trotz Additiven an der Grenze der Vergasermotoren angekommen zu sein, denn beide lassen sich nur mit Gewalt, viel Drehzahl und konstantem Gas am Laufen halten. Insbesondere bei Pet liegen die Tankhälften, die metallenen Benzinhähne und der Vergaser recht exponiert im Fahrtwind. Bei 80 km/h Geschwindigkeit und -37 °C Außentemperatur ergibt dies durch den Windchillfaktor eine gefühlte Temperatur von -88 °C! Ich vergebe der kleinen Pet, habe aber nun wirklich keine Lust, sie hier oben stehen zu lassen.

Seit -35 °C ist auch mit unseren Intercoms Schluss und ich kann Jan deshalb nicht berichten, dass meine kleine Pet die Kälte und Landschaft nicht ganz so genießt wie ich.

Gestern hatte Pet bei -25 °C eine Öltemperatur von 65 °C, das fand ich eigentlich ganz okay, doch bei rund -37 °C schafft sie gerade mal 40 °C. Ich vertraue dem guten Putoline-Öl und gebe der Kleinen die Sporen, ziehe an Jan vorbei, treibe sie über das Fjäll, damit ja nicht der Motor abstirbt. Es ist urplötzlich surreal und völlig verrückt: Die Motoren stottern, die Kälte zieht in die Klamotten, unsere diversen elektrischen Helferlein laufen auf Volldampf, angespannt sitzen wir hochkonzentriert auf den Motorrädern, die Gedanken beschäftigen sich mit der Technik. Startet der Motor wieder, sollte er ausgehen? Lieber nicht ausprobieren, keine Fotostopps mehr, keine Pipipause, Gang runter, Hahn auf, Drehzahl ist alles!

Ganz alleine fahren wir über das eisige und unwirtliche Fjäll, bis zum Horizont kein Fahrzeug. Aber ist es nicht das, was wir wollten, weswegen wir hier sind? Ist es nicht das Abenteuer, was wir suchten, die körperliche Herausforderung? Der Seitenwind fährt mir in die Flanke, im Rückspiegel sehe ich die Scheinwerfer von Flöckchen kurz schlingern. Jan holt auf! Wie lange müssen wir eigentlich über diese Hochebene? Wie lange muss ich die kleine Pet so quälen, mit Gewalt ihr kleines Motörchen am Leben halten? Wie lange noch über das Fjäll preschen? Ich prügele die kleine Pet fast zu Höchstleistung, es tut mir so leid, aber ich weiß, ich muss ihr das jetzt antun. Hoffentlich ist die Hochebene bald überwunden!

Mist, Jan hat das GPS. Auch wenn die Reaktionszeit des Displays eine neue Gemütlichkeit entdeckt hat, sieht er zumindest noch, wie viele Kilometer wir zum nächsten Abzweig, zur Änderung der Windrichtung und dem Abstieg vom Fjäll haben. Ich starre auf das, was ich von dem Eisband vor mir erkennen kann, erwarte jede Sekunde die nächste Böe von der Seite und habe alle Muskeln angespannt. Hoffentlich ist es bald vorbei, mir tut die kleine Pet so leid! Ich möchte so gern wissen, ob es Jan genauso geht. Die Füße sind eiskalt. Sind die Akkus etwa auch schon leer? Ich versuche, meine Zehen zu fühlen. Ja, ich glaube, die Akkus der Heizsohlen haben noch Leistung, aber es reicht bei der Kälte nicht mehr für Wärme, sondern nur für Schutz vor Erfrierung!

Mein Heizvisier friert natürlich wieder zu, das funktioniert ja sowieso nur bis -20 °C einwandfrei, aber dadurch sehe ich kaum noch etwas und fliege fast blind weiter über Eis und Schnee, immer in der Hoffnung, die Eisbrocken, die Autos gelegentlich verlieren und in den Weg legen, rechtzeitig zu sehen und aus den dichten Schneewolken, die entgegenkommende Lkws verursachen, auch wieder heil herauszukommen. Jan schießt hinter mir her, wir hetzen beide übers Eis und jagen unsere Motorräder durch die eisige Kälte.

Erst als bei Skaidi eine Tankstelle kommt, halte ich an, weil ich nun wirklich dringend das Visier auftauen muss. Was für eine irre Erfahrung, bei fast -40 °C nahezu blind über Eis und Schnee zu brettern! Das ist der verrückteste Ritt meines Lebens – und es fühlt sich nur halb so verrückt an, wie es ist! Ich traue mich kaum, es zu sagen, aber diese Herausforderung, dieser irre Ritt macht auch Spaß. Es ist eine unglaublich einzigartige Erfahrung, mit Speed über das Eis zu fliegen, ein wenig Tunnelblick, ein wenig Rallyefeeling, ein wenig Respekt, ein wenig Mut. Die Mischung führt zu Adrenalinschüben, die einfach nur glücklich machen! Dafür sind wir wirklich hier: Wir erleben etwas völlig Verrücktes, und das gemeinsam! Davon werden wir noch an unserer Goldenen Hochzeit erzählen!

Wir betreten die Tankstelle und ernten ungläubige Blicke. Ein Lkw-Fahrer fragt, ob wir denn nicht wüssten, dass es -37 °C seien? Ja, wissen wir, aber daran können wir nun auch nichts ändern. Ein schnelles Heißgetränk später springen unsere beiden Süßen Gott sei Dank wieder brav an und wir kurven zur Küste hinunter, wo herrlich entspannende -12 °C herrschen und die Motorräder auch wieder sauber schnurren.

Die Straße führt von der Tankstelle gen Osten, die Höhenmeteranzeige von Jans GPS sinkt, die Temperaturen steigen. Die letzte Etappe des Tages beträgt noch 99 km. Vor uns liegt eine T-Kreuzung, Jan wird langsamer, blinkt brav links und biegt ab, ich folge. Es sieht nach einer netten, kurvigen Küstenstraße aus, die im Schatten der Hochebene liegt und sich entlang des Polarmeeres schlängelt. Ist es eigentlich schon das Polarmeer? Wie heißt das Wasser hier? Jan kann ich nicht fragen. Unsere Intercoms möchten ja heute schon lange nicht mehr.

Vor mir wird es plötzlich hell. Jan hat die volle Tannenbaumbeleuchtung angeschaltet und eine Schneewand beleuchtet, um dann nach rechts der engen Kurve folgend abzudrehen. Ja, recht hat er, es dämmert bereits kurz nach Mittag wieder und der Schatten der Hochebene tut sein Übriges dazu. Ich vermisse unsere Gespräche, fühle mich allein, kann nur still meinen Gedanken nachhängen und diese lebensfremde Umgebung auf mich wirken lassen. Autos gibt es wenig bis gar nicht. Eigentlich sind wir hier gerade ziemlich einsam unterwegs. Aber ich habe Jan vor mir und Pet unter mir. Auf die zwei kann ich mich verlassen, ein wohliges Gefühl breitet sich in mir aus. Mit Pet und Jan möchte ich weiter reisen als nur bis zum Nordkap, durch Wind, Wetter, Länder und Kontinente! Zum Glück haben wir die Hochebene hinter uns, was soll jetzt noch kommen? Nachts ist es dort bestimmt noch anstrengender zu fahren, wenn die Straße überhaupt offen ist. Aber was ist hier schon „nachts"? Es wird ja jetzt schon wieder stockfinster und es ist noch nicht einmal Nachmittag!

Kleine Schneeflocken tanzen in meinem Scheinwerferlicht, wie süß! Jan zieht vor mir entspannt seine Bahnen durch die Kurven. Der Kilometerzähler zählt die Entfernung nach Honningsvåg runter. Flöckchen macht plötzlich einen Satz nach rechts. Hups? Was war das? Puuh, Jan ist wieder auf Spur! Zack, schon haut auch mir der Wind ins Vorderrad. Was zum Teufel ist das? Was passiert hier plötzlich? Der Schneefall hat jetzt stark zugenommen. Jan hat immer noch alle Scheinwerfer an und meine drei LED-Scheinwerfer leuchten auch die Fahrbahn aus. Seit einer halben Stunde ist es nun schon wieder stockdunkel. Nur wo kam die Böe her? Von wo kommt der Wind? Was ist das hier für ein Wetter? Wir fahren im Schatten der Bergwand. Glaube ich zumindest, denn so wirklich viel sieht man nicht, der Schneefall wird stärker und die Sicht nimmt schnell ab. Pet schnurrt unter mir, ich lobe sie für ihre zuverlässige Leistung auf dem Fjäll, erzähle ihr Geschichten aus der weiten Welt, die ich ihr noch zeigen will und gebe mich Tagträumen von einer Weltreise mit Pet hin.

Oha! Ich sollte weniger dahin träumen und mehr aufpassen! Vor mir tanzt Flöckchen erneut unkontrolliert herum. Mein Griff um den Lenker wird hart, die Ellbogen richten sich nach oben und ich warte, warte auf die Böe, die Jan eben gerade so mächtig ins Motorrad gehauen hat. Jetzt trifft auch mich der Wind, Pet versetzt es, schon ist es vorbei, einfach loslassen und laufen lassen. Mein Blick wandert voraus, ich versuche in Jans Scheinwerferlicht zu erkennen, woher die Böen kommen. Doch ich sehe nur wild umhertanzende Schneeflocken in meinem eigenen Scheinwerferlicht. Da, Jan hat es wieder erwischt! Und Pet springt gleich hinterher, diesmal versetzt es beide Motorräder heftig auf die Gegenfahrbahn. Sind hier Täler oder Schluchten, in denen der Wind der Hochebene verdichtet wird und dann mit Schmackes über die Straße fegt? Wir haben absolut keine Ahnung von der Landschaft, die uns hier umgibt, wir kämpfen nur mit dem Sturm, der uns in heftigen Böen ständig herumwirft. Die Konzentration erhöht sich und ich achte auf Jans Lichtkegel und Rücklicht. Wieder springt die Super Ténéré zur Seite und ich erkenne tatsächlich für einen kurzen Augenblick die kleinen Schluchten. Wie hinterhältig! Was für ein Wetter, was für ein Kampf! Aber auch hier gilt: einfach in den Wind legen, locker bleiben und den Spikes und der kleinen Pet vertrauen.

Kalt, nein, das ist uns nicht. Die Verhältnisse sorgen für anständig Adrenalin. Helm und „Teletubbie" schließen außerdem bei uns beiden winddicht ab, sodass ich noch nicht mal eine Sturmhaube brauche! Überhaupt, nach dem Eisnebel bei -25 °C könnten wir uns nichts anderes als einen Einteiler vorstellen, denn das Eis war in die doppelte Reißverschlussabdeckung gekrochen und säße dann bei einem Zweiteiler direkt am Bauchnabel – brr! Im Einteiler gibt es einfach nirgendwo eine Chance für Zugluft, man ist vor dem eisigsten vorstellbaren Wind wirklich dicht geschützt! Was für ein Tag! Aber das wollten wir wohl so, 220 anstrengende, aufregende Kilometer von Alta nach Honningsvåg.

So kommen wir ziemlich abgekämpft in der ausgebuchten Jugendherberge an und merken erst im Warmen, wie sehr der Kälteritt an unseren Kräften gezehrt hat. Mindestens 50 km waren wir bei mindestens -35 °C unterwegs, danach der heftige Seitenwind mit Schneetreiben im Dunkeln …, wir sind k.o.!

Wir können uns kaum motivieren, die Jugendherberge nochmals zu verlassen, draußen peitscht ein eisiger Sturm, es ist dunkel, kalt und alles andere als einladend. Doch wir müssen etwas essen, um in der Kälte bei Kräften zu bleiben. Meine Kräfte sind sowieso auf der Strecke geblieben, ich schaffe es irgendwie nicht mehr, außerhalb der Bettdecke meine Körpertemperatur aufrecht zu halten. Der Tag hatte es wirklich in sich! Jan stattet mich mit seiner akkubetriebenen Heizweste aus. Sie ist viel zu groß und ich fixiere sie mit meiner Daunenjacke irgendwie am Körper. Das hilft und so laufen wir zum Supermarkt, um Abendessen zu besorgen. In der Gästeküche der Jugendherberge ist erstaunlicherweise einiges los. Was wollen diese jungen Menschen alle am dritten Januar so hoch im Norden in einem Kaff wie Honningsvåg?

Morgen soll es ans Nordkap gehen. Wir haben eigentlich nur diesen einen Versuch, denn übermorgen legen wir mit einem „Postschiff" der Hurtigrute ab. Das Ticket könnten wir theoretisch verfallen lassen, eines der nächsten Schiffe nehmen und unsere fünf Puffertage nutzen. Aber wir wollen es so schaffen, den Plan erfüllen, das Projekt Nordkap in Sollzeit umsetzen.

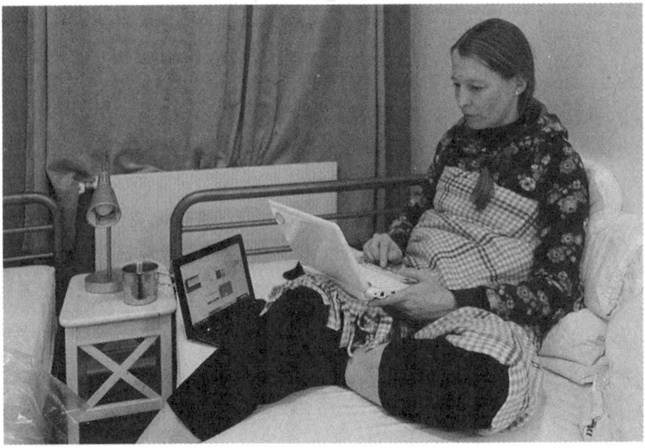

In Decken eingehüllt hänge ich wieder an meinem kleinen Reiselaptop und checke den Straßenzustand der letzten 32 km bis zum Nordkap: gesperrt, Konvoipflicht! Ob das klappt? Nur weil wir in Honningsvåg sind, heißt das nicht, dass wir das Ziel auch wirklich erreichen! Die Wetterlagen können sich hier oben im Minutentakt ändern. Wann und wo startet der Konvoi? Nimmt er Motorradfahrer mit? Von zwei Deutschen, die vor einigen Tagen auf zwei KTM-Motorrädern hier waren, wissen wir, dass aus Sicherheitsgründen nicht jeder

Schneepflugfahrer auch Motorradfahrer im Konvoi mitnimmt. Wir beschließen, früh aufzustehen und auf alles vorbereitet zu sein. Kaum ist das Licht aus, bin ich wie ein Stein eingeschlafen.

N71°10'21''

„Wo Liebe ist, wird das Unmögliche möglich."

Buddha

04.01.2017: N71°10'21"

Gleich nach dem verfrühten Aufwachen geht der Blick zum Handy auf die Seite der norwegischen Straßenwacht (www.175.no), um zu sehen, was es Neues über die Straße zum Nordkap gibt. Da steht „Konvoi!“ – aber das stand da vor dem Einschlafen auch. Ist die Seite aktualisiert worden? Bin ich zu früh? Gilt das für heute? Beim Frühstück fragen wir die „Herbergsmutter“ (heißen die heute noch so?), was ihr uns versprochenes Telefonat ergeben habe. Ja, es gäbe einen Konvoi, der um 11 Uhr auf den letzten 13 Kilometern Pflicht sei.

Also los! Wir hatten über Nacht unsere Motorräder mit den Regenponchos gegen Schnee abgedeckt, um nicht wieder morgens zum (nicht vorhandenen) Besen greifen zu müssen. Obwohl wir die Ponchos überall mit Wäscheklammern fixiert hatten, reißen sie aufgrund der Kälte (-10 °C) wie ein Blatt Papier in Fetzen. Schade drum, aber immerhin sind Flöckchen und Pet nicht zugeschneit und es kann losgehen! Auf dem Weg zum Konvoi-Sammelpunkt ist uns immer noch nicht klar, ob der Schneepflug auch Motorräder im Konvoi akzeptieren wird. Wir sind etwas hibbelig und aufgeregt. Heute könnte der Tag sein, der unsere Hochzeitsreise krönt! Heute könnten wir das Ziel wirklich erreichen! Heute könnten wir allen Zweiflern zeigen, dass nicht nur wir es zum Nordkap, sondern das auch noch auf zwei hochbetagten Solomotorrädern ohne „Stützrad“ schaffen!

Die Sonne verbreitet ein sanftes goldenes Licht oder zumindest die wenigen Strahlen, die es über den Horizont schaffen. Mit steigender Entfernung von Honningsvåg nähern wir uns langsam dem Plateau. Sah der Morgen noch sternenklar und nach gutem Wetter aus, ziehen jetzt immer wieder graue Wolkenknäuel über uns hinweg. Mit heftigen Böen schlägt uns der Wind ungebremst immer wieder in die Seite. Bäume oder Sträucher gibt es schon lange nicht mehr.

Kurvenreich zieht sich die Straße immer weiter in die Höhe und der Wind kommt immer wieder von einer anderen Seite. Das gelbe Licht am Horizont wird vom Schnee reflektiert und blendet förmlich. Es wird Zeit, die im Helm integrierte Sonnenblende herunterzuklappen. Ich dachte, so was braucht man nur im Sommer. Wir hoffen auf eine Kurve, die unsere Fahrtrichtung wieder gen Norden lenkt, weg von dem unangenehm reflektierenden Licht. Dann lieber Windböen von der Seite! Der Wind bläst so heftig von der Seite, dass es im Helm seitwärts den Schnee hereintreibt. Ich habe Schneetreiben im Helm! Offensichtlich sind solche Helme nur für höhere Windgeschwindigkeiten von vorne ausgelegt.

Wie lange bleibt das Licht? Gegen 10 Uhr setzte die Dämmerung schon ein. Weiter geht es, noch ein paar Kilometer zum Sammelpunkt. In der nächsten S-Kurve, gefolgt von einer Senke, wird die kleine Pet durch eine erneute Böe noch mal richtig durchgeschüttelt. Petty-Pet, du schaffst das! Wir sind so kurz vor dem Ziel, 1.000 Fragen im Kopf, doch die alles entscheidende Frage ist: Nimmt uns der Konvoifahrer überhaupt mit? Die anderen Deutschen auf ihren KTMs hat der Konvoifahrer vor vier Tagen auf dem Rückweg nach Alta die Teilnahme verweigert. Wird es uns hier genauso gehen? Nichts ist sicher hier oben, alles ist offen.

Das Thermometer fällt stetig. Kalt ist uns immer noch nicht. Wir müssen pünktlich um 11 Uhr den Sammelpunkt des Konvois erreichen. Wir müssen das schaffen! Wir müssen! Der Polarkreis, eigentlich erst ein paar Tage her, erscheint mir wie eine Ewigkeit. Im Eis verfliegt die Zeit schneller als am Strand, die Reise findet in einer Art Zeitraffer statt, denn ein außergewöhnliches Erlebnis jagt beständig das nächste. Der Konvoi muss uns einfach mitnehmen. Er muss! Wieder eine Doppelkurve, links, rechts, wieder plötzlich heftiger Wind von irgendwoher. Oh, Jan wird langsamer. Es kommt ein Abzweig auf uns zu. Ist es DER Abzweig, der Sammelpunkt für unser letztes Ziel? Es steht ein Auto vor einem Schild. „13 km Nordkap“ steht dort und es gibt einen Schlagbaum. Wir sind am Sammelpunkt!

Jans Super Ténéré stinkt wieder nach Öl. Der Stopfen ist erneut lose. Egal, es sind noch 13 km Konvoi, hoffentlich. Die Kiste hat genug Öl drin, jetzt können wir nichts daran ändern. Jan drückt den Stopfen wieder zurück, mehr können wir hier nicht tun. Und hoffen. Hoffen, dass der Stopfen hält, hoffen, dass der Schneepflugfahrer, der den Konvoi anführen wird, uns auch mitnimmt.

Insgesamt reihen sich zwölf Fahrzeuge hinter dem Schneepflug ein und es hat keiner etwas gegen uns – im Gegenteil: Fast zum ersten Mal auf der Tour spricht man uns sogar darauf an. Ein Wohnmobilist scheint jeden Winter hier zu sein, denn „letztes Jahr war da so ein ganz junger Italiener hier, der hatte Skier am Motorrad befestigt, damit er fahren konnte!“. Wir wissen nicht, was der Italiener mit seinen Skiern am Motorrad wollte, wir zumindest haben noch keine vermisst – und auch der Tipp eines anderen Nordkapfahrers, „unbedingt ein Motorrad zu wählen, das niedrig ist, um mit den Füßen stabilisierend mitgleiten zu können“, ist uns noch schleierhaft. Bisher gab es auch dafür keinen Grund – und selbst wenn, für so was bin ich eh zu klein.

Vor dem „Start“ macht sich ein bekanntes Gefühl in meiner Magengegend bemerkbar. Auch Jan hat und kennt es: das Gefühl, mit dem Rallyemotorrad vor der ersten Etappe an der Startlinie zu stehen, nicht zu wissen, was einen erwartet, ob man die Strecke meistern kann, was der Weg so bringt. Etwas weiche Knie bei dem Gedanken, mit Autos im Nacken, starkem Seitenwind und dichtem Schneetreiben eine schmale Straße befahren zu müssen – bei vorgegebenem Tempo und keiner Chance, die Strecke zu verlassen. Ich bitte das schwedische Auto hinter uns um etwas größeren Abstand, um das Gefühl in der Magengegend zu beruhigen. Und wie immer am Start: Kaum rollt das Motorrad die ersten Meter, geht doch alles von selbst!

Der Konvoi setzt sich in Bewegung und Frau Holle gibt alles. Der Himmel, der vorhin noch so golden strahlte, hat sich schwarz verdunkelt, dickste Schneewolken sind aufgezogen. Der Schnee peitscht nur so über die schmale Straße, sodass man kaum das vorausfahrende Auto sehen kann und sich schon nach fünf oder sechs Fahrzeugen wieder Schneewehen bilden. Der Konvoi hinterm Schneepflug macht wirklich Sinn! Und wir sind so froh, uns in den Lindwurm aus Scheinwerfern im Schneesturm einreihen zu dürfen, dem Nordkap endlich entgegenzurollen. Nur noch 13 Kilometer, dann haben wir es wirklich geschafft! Die ganze Fahrt ist surreal: Licht gibt es sowieso kaum noch welches und die dicken Schneewolken verdunkeln den Himmel zusätzlich immer mehr. Der Schnee fliegt waagrecht am Scheinwerfer vorbei, die anderen Fahrzeuge sind nur schemenhaft an ihren Scheinwerfern oder Bremslichtern zu erkennen. In den Autos sitzen Menschen im Heizungsgebläse, vielleicht mit Sitzheizung, beheizter Frontscheibe mit Scheibenwischern. Was sie auf vier Rädern für ein Abenteuer halten, erleben wir mit allen Sinnen: Pet, Flöckchen, Jan und ich kämpfen uns am vierten Januar auf je zwei Rädern durch einen dicken Schneesturm dem Nordkap entgegen!

Je länger ich darüber nachdenke, desto mehr denke ich: irre! Das tun wir gerade wirklich! Mein Herz klopft, es sind die letzten Meter bis zum Nordkap, wir werden es schaffen! Egal, wie sehr uns der Schneesturm über die Straße peitscht, egal, wie groß das Schneegestöber ist, das mal wieder im Helm herrscht, weil der Sturm das Visier seitlich aufhebelt und Schneeflocken hineinpresst. Egal, wie glattpoliert die Eisfläche ist, auf der wir fahren und auf der Frau Holle mit aller Gewalt Schneewehen auftürmt. Egal, dass ich schon wieder rieche, wie Jans Flöckchen Öl aus dem Stopfen sprüht. Egal, was jetzt noch passiert: Wir werden es schaffen!

Plötzlich kommt der Konvoi ins Stocken, wir können den Grund für den Stopp im Schneesturm nicht erkennen. Was ist passiert? Steckt der Schneepflug in einer dicken Schneewehe? Wo ist der überhaupt? Ich sehe ihn nicht mehr! Wo sind die anderen Autos, deren rote Lichter von Zeit zu Zeit durch die weiße Wand aus Schnee leuchteten? Was ist hier los? Bitte, bitte, fahrt weiter! Bitte, bitte, wir wollen es schaffen! Bitte, es kann doch nicht mehr weit sein, bitte nicht jetzt! Nur langsam geht es vorwärts und plötzlich sehen wir das Schild: NORDKAP. Wir sind da! Wir stehen am Kassenhäuschen an! Wir haben es geschafft! Und der Geldbeutel steckt tief vergraben in irgendeiner tieferen Bekleidungsschicht … Ich will gar nicht wissen, wie groß das Vermögen ist, was uns hier für den Eintritt aus der Tasche gezogen wird … Egal, auch das ist ein Hochzeitsgeschenk. Die beiden, die uns das zur Hochzeit geschenkt haben, haben uns damit ihr Vertrauen ausgesprochen und uns gezeigt, dass sie daran glauben, dass wir es schaffen werden. Wir denken an Manu und Dörte, die beiden hatten uns in Travemünde das Grillhuhn in den Hafen gebracht und dieses Eintrittsgeld zur Hochzeit geschenkt. Wir sind sicher: Heute denken nicht nur sie an uns! Es ist schön, unsere Freunde und Hochzeitsgäste auf diese Weise mit im Gepäck zu haben.

Wir parken die Motorräder vor dem Eingang. Das hatte ich mir hier ganz anders vorgestellt. Ziemlich modern und auch optisch unterkühlt, wirkt das Besucherzentrum wie ein Fremdkörper in der Landschaft. Zumindest das, was ich davon im Schneetreiben erkennen kann. Das ist es nun, das Nordkap …

Das Nordkap versinkt samt Besucherzentrum wieder im Schneesturm, wir warten drinnen eine Weile, bis die Wolken kurz aufreißen und wir einen Blick auf die Umgebung erhaschen und wenige Fotos machen können. Dann ist Frau Holle wieder da und schüttelt ihre Betten wie ein Weltmeister. Wir sind enttäuscht, es gibt keinen wettertauglichen Aufkleber vom Nordkap für Pet und Flöckchen! Dafür hätten wir wirklich jeden utopischen skandinavischen Preis blind bezahlt, aber das Einzige, was man uns anbieten kann, ist ein blöder bunter Papieraufkleber.

Eine Stunde nach unserer Ankunft kommt ein weiterer Konvoi aus sechs Reisebussen mit Kreuzfahrtgästen, die uns höflich und anerkennend um Fotos bitten und an der Bar mit Sekt auf ihre „Leistung" anstoßen. Wir bestellen Cola. Und überhaupt: Nach all dem, was wir auf dem Weg hierher erlebt haben, ist das Nordkap zwar das Ziel dieser ungewöhnlichen Hochzeitsreise, aber ziemlich unspektakulär und Nebensache. Angeblich soll ich die erste Frau sein, die auf einem Solomotorrad das Nordkap im Winter erreicht hat. Mir ist das egal: Hauptsache, zusammen!

Es fühlt sich komisch an. Wir haben es planmäßig geschafft. Jetzt, da wir dort sitzen und anderen beim Feiern zusehen, ist uns gar nicht nach Feiern zumute. Ich fühle mich leer und traurig. Es ist vorbei, wir haben es geschafft. Was jetzt? Heimweg, na ja. Das Projekt ist erfolgreich beendet, wir haben die ganze Zeit fest daran geglaubt, dass wir es schaffen können. Die ganze Vorbereitung hat sich als richtig herausgestellt. Ja, das Wetter ist nicht berechenbar und hätte uns kurz vor dem Ziel oder anderweitig das Ziel versauen können. Aber auch dafür hatten wir mit fünf Puffertagen vorgesorgt. Rückblickend ist es interessant, wie viele vermeintlich gute Tipps, Warnungen oder Ratschläge wir von Menschen erhalten haben, die viele Dinge besser wussten, es uns pauschal nicht zugetraut und es damit immer wieder geschafft haben, in mir die eine oder andere Verunsicherung zu erzeugen. Nur wenige haben solch eine Fahrt auch nur annähernd auf dem Solomotorrad gemacht, aber trotzdem wussten es so viele besser und setzten den einen oder anderen kleinen zweifelnden Teufel auf meine Schulter. Ich habe es nicht immer geschafft, nur denen zuzuhören, die hier schon im Winter mit dem Motorrad waren und mir versicherten, dass es gut möglich sei. Mögen alle für immer verstummen, die, statt uns Mut zuzureden, nur Zweifel in uns gestreut haben! Wir sind stolz, aber auch matt, die Emotionen sind flach. Nun sitzen wir hier, nuckeln an einer Cola und fühlen uns ziemlich komisch und doch darin bestätigt, alles in der Planung und Vorbereitung richtig gemacht zu haben. Das war's also!

Mir kommt es vor wie der Vorabend einer letzten Rallyeetappe, an dem mir jedes Mal ein kleines Engelchen im Kopf zuflüstert: „Bring her safe home!". Und genau darum geht es jetzt nur noch: Pet und Flöckchen wieder sicher heimzubringen …

Irgendwo rund ums Nordkap geht Jans Zündschlüssel verloren – an dem auch die Schlüssel für seine

Alukoffer hängen. Dass er es innerhalb von nicht einmal drei Minuten im Schneegestöber schafft, trotz Vorhängeschloss in seine eigenen Alukoffer einzubrechen, um den Ersatzschlüssel herauszuholen, ist für mich nur wieder ein Beweis, dass es sich mit meinen Ortliebtaschen genauso „einbruchsicher" reist wie mit Alukoffern! Gut, dass Jans „Einbruch" so schnell ging, denn der Konvoi zurück startet um 13:45 Uhr, kurz nach dem erfolgreichen Auffinden des Zweitschlüssels.

Die nun folgenden Kilometer gehören eindeutig zu den bisher anspruchsvollsten Metern der gesamten Reise! Weil dies der letzte Konvoi vor dem Abend ist, reiht sich eine ellenlange Schlange hinter dem Schneepflug ein. Und wir mittendrin. Dadurch, dass der Schneepflug die Strecke mindestens dreimal schon zurückgelegt hat, ist der frische Schnee wie glattpoliert und ohne jegliche Haftung. Insbesondere in den engen Kurven bei 9 % Gefälle schiebt auch die kleine Pet mit aller Gewalt übers Vorderrad, sodass ich meine liebe Mühe mit ihr habe. Jan hinter mir kämpft mit dem wieder mal eingefrorenen Chokezug, der seine Super Ténéré mit fröhlichen 4.500 Umdrehungen munter Richtung Tal schiebt und Jan dabei ganz schön ins Schwitzen bringt. Eine extra Hitzewelle überrollt ihn, als er das erste Mal mit dem rechten Fuß ins Leere tritt. Wer kann schon erahnen, dass eine Dauernutzung der Hinterradbremse bei -12 °C die Bremsflüssigkeit zum Kochen bringt! Und das alles mit einer Kolonne Autos im Nacken, von denen so manches Wohnmobil ganz sicher keine Spikes hat und ganz bestimmt nicht punktgenau zum Stehen kommen wird, sollte die kleine Pet oder Jans Flöckchen eine zu große Schräglage wählen ...

Wir kommen heil in Honningsvåg an, und als wir nach einer kleinen Stadtrundfahrt tanken, warnt uns ein Norweger, wir sollten bitte nicht ins Inland fahren, dort sei es gerade jetzt -33 °C kalt! Na ja, nett von ihm, aber gestern war es dort noch kälter. Jan fährt von der Tankstelle aus direkt in den Tunnel vor Honningsvåg, weil die Nothaltebuchten dort ideale Schrauberplätze sind. Während ich unter der Wolldecke in der Jugendherberge für unsere vielen Follower einen Blogbeitrag tippe und „Vollzug" melde, kümmert Jan sich bei gemütlichen +5 °C, guter Beleuchtung und ohne Wind und Schneetreiben um die erneute Abdichtung des Ventildeckels und den ständig festfrierenden Chokezug. Wie wir gestern bei der Anreise gesehen hatten, machen das viele Norweger auch so: sich im Tunnel ums Auto kümmern! Und eingeschneite Autos auftauen. Und Joggen.

Nach einem weiteren Essen aus der Gästeküche der Jugendherberge (Milchreis, mal keine Nudeln mit Sauce!) verkriechen wir uns früh ist Bett. Die letzten Fahrtage seit Hetta haben an unseren Kräften gezehrt, die Temperaturen, der Sturm die langen Tage. Zudem legen wir morgen um 5:45 Uhr mit der Hurtigrute ab, fahren bis Øksfjord und umgehen so die -40 °C kalte Hochebene, über die wir gestern gekommen sind. Ab Øksfjord geht es dann weiter auf die Lofoten, von wo aus wir wieder „ein paar Meter" mit der Hurtigrute fahren möchten. So weit der Plan …

DIE LUFT IST RAUS – NICHT BEIM STURM!

„Wir können den Wind nicht ändern, aber die Segel anders setzen.“

Aristoteles

05.01.2017, Sørgjosen: der Club der Eisbären

Am frühen Morgen nach dem Nordkap-Erlebnis gehen wir pünktlich um 5:30 Uhr an Bord der „Finnmarken", einem der vielen „Post"-Schiffe der Hurtigruten. Von der Jugendherberge zum Schiff sollten unsere vorerst letzten Meter bei Minusgraden und tief vereist-verschneiten Straßen sein. Leider. Aber das wissen wir zu diesem Zeitpunkt noch nicht ... Es ist noch früh, die Gäste an Bord schlafen alle noch und wir rollen uns in der dunklen Bar auf einer Sitzecke zusammen und schlummern eine lange Runde, während uns das Schiff in Richtung Westen bringt.

Gegen Mittag legt die „Finnmarken" in Hammerfest an, wo wir gut zwei Stunden Zeit haben, um die nördlichste Stadt der Welt kennenzulernen. Ein ruhiges Städtchen, das wohl bei jeder Ankunft eines Schiffes regelrecht „überfallen" wird und außer der Ausstellung der „Polar Bear Society" auch nicht wirklich viel zu bieten hat. Die Ausstellung zeigt nicht nur Eisbären, sondern auch Interessantes aus der Zeit der Robbenfänger und Polarexpeditionen. Man kann auch Mitglied im „Eisbärenclub", dem nördlichsten Club der Welt werden, jedoch schafft es keiner, uns zu erklären, was man davon hat.

Statt zur „Aufnahmezeremonie“ gehen wir daher in den Supermarkt, um alles für ein Picknick an Bord zu besorgen: Rentiersalami, Trockenfisch und Lakritze.

Mit dem Einbruch der Dämmerung kommen wir bald darauf in Øksfjord an, wo außer uns niemand das Schiff verlässt. Der einzig verfügbare Campingplatz im Umkreis von 50 km hatte uns am Tag zuvor mitgeteilt, dass er geschlossen habe. So müssen wir bei strengem Küstenwind im Dunkeln und ungewohnt warmen Temperaturen knapp über null Grad 140 km Küstenstraße zur nächsten freien Unterkunft fahren. Von der als so schön angepriesenen norwegischen Küste sehen wir natürlich: nichts. Im Internet lesen wir später, wie viel Glück wir hatten, dass wir das Nordkap erreicht haben. Die Straßen sind mittlerweile wegen des Wetters alle gesperrt und noch nicht einmal im Konvoi zu schaffen!

In der Unterkunft gibt es mäßig leckeres Rentiergulasch mit unendlich vielen Kartoffeln. Ich weiß, dass ich essen muss, bin aber einfach nur müde und enttäuscht. Enttäuscht vom Wetter, enttäuscht vom Essen, enttäuscht von Norwegen. Mühsam gelingt es mir, den Kram zu vertilgen.

❄

06.01.2017, Harstad: die Luft ist raus

Am nächsten Morgen bin ich sehr gespannt, was es zu sehen gibt, wenn sich die Dunkelheit auflöst. Mein Thermometer zeigt +4 °C an, der Schnee auf der Straße beginnt zu tauen und sich in rutschige Matsche zu verwandeln. Als es gegen 11 Uhr so hell wird, dass man die Landschaft erkennen kann, bin ich schon wieder gefrustet. Ich hatte immer gedacht, die norwegische

Küste sei dramatisch schön und mit vereinzelten roten Holzhäusern „dekoriert". Stattdessen sehe ich eine zersiedelte Küste mit grauen, weißen und blauen Holzhäusern, manche auch gelb oder orange. Nur Schuppen, Gartenhäuser, Garagen und Ruinen sind rot. Der Schnee ist matschig, graubraune Pampe überall, es taut und tropft und der Wind bläst heftig von der Seite, sodass es manchmal schwer ist, die Spur zu halten.

Das Fahren in der Pampe und im grauen Siff macht gar keinen Spaß, wir kommen zwar gut vorwärts Richtung Süden, aber schön ist das alles nicht. Bei Tromsø gibt es einen Abzweig nach Kiruna. Wie gern würde ich dort abbiegen, zurück ins Eis, zurück in den weißen Schnee, zurück in die Kälte! Irgendwie ist die Luft raus, die norwegische Küste hat mich auf fast 500 km enttäuscht, das Wetter ist eklig, das Fahren langweilig und nervig wegen des starken Windes. Ich vermisse die karge, lebensfeindliche Eiswüste des hohen Nordens, die klirrende Kälte, die Schnee- und Eispisten, die einsame Natur, in der es nur ab und zu ein Rentier gab anstatt alle paar Meter ein (nicht rotes) Holzhaus … Unser Highlight des Tages stellt das Grüßen eines BMW-Gespannfahrers auf seinem Weg nach Norden dar. Der erste Motorradfahrer, wenn auch mit Stützrad, den wir auf der Fahrt sehen!

Als es schon wieder dunkel wird, fängt es zu allem Übel auch noch an zu regnen und die Straßen verwandeln sich in Schmierseife. Jan zieht einen weiß-schaumigen Streifen hinter sich her, der Wind peitscht den Regen auf den Schnee. Es ist die Hölle! Dann überholen wir auch noch einen Schneepflug, der massenhaft Salz auf die Straße kippt. Kein Wunder, dass wir in Schmierseife fahren! Warum tun die das? Noch nie hatten wir auf unserer Reise jemanden Salz streuen gesehen! Was für ein Sappsch! Nach immerhin 322 km finden wir eine kleine (rote!) Hütte direkt am Meer, am Beginn der Lofoten. Es ist wirklich schwer, zu dieser Jahreszeit Unterkunft zu finden, ob bezahlbar oder nicht, denn die meisten haben geschlossen oder sind lange im Voraus ausgebucht.

Die Hütte ist super süß mit einem Matratzenlager direkt unterm Dach, sehr gemütlich und kuschelig. Direkt vor dem Fenster spiegelt sich das Licht im Wasser. Ja, Wasser, hier ist nichts gefroren! Ich denke beim Einschlafen über die Worte eines einheimischen Motorradfahrers nach, der mich unterwegs auf einem Parkplatz angesprochen hatte: „Ich sollte auch im Winter fahren, im Sommer ist das hier wegen den ganzen Touristen kaum möglich!", hatte er gesagt. Wie mag es bloß hier erst im Sommer zugehen, wenn sich Lindwürmer aus Wohnmobilen und Motorrädern die Küste entlang winden? Das möchte ich eigentlich gar nicht wissen …

❄

06.01.2017, Svolvær: Glück im Unglück!

Die ganze Nacht stürmte es und der Regen peitscht, als wir aufwachen, wild auf das Dach, unter dem wir schlafen. Es ist wieder Samstag und so gibt es von Jan unser traditionelles Wochenendfrühstück mit Rührei, Lachs, Orangensaft und Brötchen, bevor wir uns vor die Tür ins Ekelwetter wagen. Der Schneeregen trommelt im Sturm auf den Helm, das Thermometer zeigt weiterhin +4 °C, alles ist nass und auf der Straße breitet sich immer noch schaumige Schmierseife aus. Weil wir auf einer kleinen Nebenstraße unterwegs sind, fahren wir Richtung Europastraße, in der Hoffnung, dort bessere Straßenverhältnisse vorzufinden. Weit gefehlt, dort sieht es genauso aus. Mit dem Unterschied, dass uns entgegenkommende Lkws den Matsch auch noch entgegenwerfen. Ich bin restlos bedient.

Ach ja, die Lofoten sollen ja wunderschön sein. Deswegen sind wir ja da. Aber davon sehen wir leider nichts. Immerhin könnte ich mir tatsächlich vorstellen, dass es auch tatsächlich schön dort ist, denn zumindest ist es nicht so zersiedelt wie an der Küste. Ein einziges Mal hört es für etwa fünf Minuten auf zu schütten, sodass man auch kurz etwas sehen kann und Jan einige wenige Fotos schießt. Die ersten seit zwei Tagen – die Fotoausrüstung wäre sonst innerhalb von Sekunden im Mistregen abgesoffen.

Gegen 14 Uhr kommen wie in Svolvær an, wo wir die Zeit bis zur Ankunft der Hurtigrute stumpf und matt in einem Einkaufszentrum absitzen, bevor wir uns in einer amerikanischen Pizzabude für die nächste Etappe Seeweg stärken. Weil uns zwei Norweger unabhängig voneinander gesagt hatten, es könne sein, dass das Schiff wegen des Sturmes gar nicht anlege, verfolgen wir mit einem Auge „unser“ Schiff, die „Polarlys“ auf dem Handybildschirm. Erst als sie „auf dem Bildschirm“ anlegt, zahlen wir unsere Pizza und fahren an Bord. Dort werden wir freudig begrüßt, denn die Passagiere des Schiffes sind genau jene, mit denen wir am 04.01. am Nordkap gewesen waren! Wir erfahren auch, dass aufgrund des Sturmes der nächste Hafen ausfallen wird und auch unser Zielhafen, Brønnøysund, eventuell nicht angefahren werden könne.

Wir fallen wie Steine ins Bett, hatten wir doch 179 km Kampf hinter uns. Kampf im Sturm, in Schneematsch und Regen, nie wissend, von welcher Seite der Sturm einen hinter der nächsten Kurve, hinter dem nächsten unsichtbaren Berg anfällt und versucht, im Schneematsch auf die viel befahrene Gegenfahrbahn zu werfen. Der Sturm geht zwar weiter, aber wir schlafen tief und fest.

❄

07.01.2017, Nordmeer: Gefangen im Sturm!

Erst am Morgen bemerken wir, dass es Richtung Badezimmer steil bergab geht. Ich werde in der Dusche an die Wand gedrückt und vom Duschvorhang gefangen genommen. Was für ein Wetter!

Nach einem traumhaften Frühstück überqueren wir den Polarkreis. Dazu findet für alle Passagiere eine kleine Zeremonie an Deck statt, zu der Tran gereicht wird. Jan trinkt das Zeug und erhält zur Belohnung einen schönen Löffel mit Polarkreis-Gravur.

Wir beide bekommen auch noch Zertifikate ausgestellt, auf die wir im Weihnachtsdorf verzichtet hatten. Ganz unkompliziert, kostenlos und ohne Warteschlange wie beim Polarkreis in Rovaniemi, wo gefühlt alle sechs Reisebusse voll Touristen aus Fernost für das Zertifikat gegen reichlich Bares Schlange standen.

Die folgenden Stunden verbringen wir ganz gemütlich Fotos sortierend, Videos schneidend und Blogposts schreibend auf Deck sieben, dem höchsten Deck, und beobachten durch die Panoramafenster, wie sich die „Polarlys“ in Segelschiff-Schräglage durch die aufgepeitschte See kämpft. Wir sind uns einig: besser an Bord eines Schiffes als auf dem Motorrad! Einmal prescht ein Seenot-Rettungskreuzer uns entgegen, dieser Sturm ist das Windigste, was wir beide jemals an Bord eines Schiffes erlebt haben. Später lesen wir in den Nachrichten: Der Sturm war ein Orkan, hatte in Norwegen Schäden in Millionenhöhe angerichtet, die Stromversorgung lahmgelegt, Fahrzeuge umgekippt und sonstiges Unwesen getrieben. Es ist also deutlich mehr als „stürmische See“!

Am Nachmittag schauen wir uns im „Belustigungsprogramm“ für die Kreuzfahrtgäste einen Dokumentarfilm über Roald Amundsen an. Während der Vorführung wird über Lautsprecher angesagt, dass unser Zielhafen Brønnøysund auch nicht angelaufen werden könne. Wir werden namentlich ausgerufen und ziehen dann einen weiteren „Honeymoon-Joker“: Der nächste Hafen, an dem angelegt werden kann, habe keine Übernachtungsmöglichkeiten und das

Hurtigrutenschiff, das dort in der Gegenrichtung zeitgleich ankere, könne uns zwar als Passagiere mitnehmen, habe jedoch keinen Platz für unsere Motorräder. Da wir ja sowieso nach Oslo müssten, habe man sich gedacht, uns die Weiterfahrt bis Trondheim anzubieten, inklusive Captain's Dinner, Kabinenupgrade, Internetzugang und Luxusfrühstück! Insgeheim hatten wir genau darauf gehofft und bemühen uns schwer, uns völlig überrascht zu zeigen und erst nach ein paar „beratenden Worten" das Angebot anzunehmen …

So nehmen wir dann am edlen Captain's Dinner teil, das praktischerweise in genau der Zeitspanne serviert wird, in der das Schiff im ersten und einzigen Hafen des Tages vor Anker liegt und uns daher die Leckereien nicht vom Teller springen können. Kaum ist das Boot wieder ausgelaufen, geht die wilde Schaukelei in harten Schlägen erneut los, das Schiff wird so durchgerüttelt, dass ich immer wieder aus dem Schlaf gerissen werde, weil alles schlägt und rumpelt und Gegenstände in der Kabine hin und her fallen. Der Kapitän hatte beim Dinner erklärt, dass es Windstärken bis 72 Knoten (133 km/h) habe und es sich bei dem Sturm um einen Orkan handele, durch den sich die „Polarlys" den ganzen Tag kämpfte.

HEIMWÄRTS

„Ich war noch nicht überall, aber es steht auf meiner Liste.“

Susan Sontag

08.01.2017, Røros: Zu Besuch bei Pippi Langstrumpf – in Norwegen!

Als wir am nächsten Morgen aufwachen, liegt das Schiff schon in Trondheim am Kai und wir können ohne Balanceakt das riesige Frühstücksbuffet in aller Ruhe genießen, bevor wir unsere durchgeschüttelten Motorräder im Bauch des Schiffes wieder begrüßen können. Wir hatten sie gut vertäut, denn den Kampf mit dem Sturm hatten wir schließlich schon vor dem Einschiffen auf Pet und Flöckchen stundenlang gekämpft!

Der Orkan brachte nicht nur Regen mit sich, sondern auch sommerliche Temperaturen, sodass wir bei +4 °C durch Trondheim rollen. Wir waren über Nacht im Schlaf eine ganze Tagesetappe weiter nach Süden geschippert und hatten dadurch nun einen Tag gewonnen. Den wollen wir im Winter genießen und nicht im warmen Wetterchaos, das der Sturm hinterlassen hatte. Einige unserer ursprünglich geplanten Straßen sind sowieso wegen Erdrutschen und Lawinen gesperrt, also steuern wir in Richtung schwedische Grenze, wo laut Wettervorhersage noch Winter sein soll. Nach mehreren tausend Kilometern auf Eis- und Schneedecke fahren sich die 30 km auf Asphalt bis zur Bergstraße ziemlich komisch. Pet und ich sind richtig froh, wieder gewohnten Untergrund unter die Stollenspikes zu bekommen, als es Richtung Skigebiete geht. Kalt ist es trotzdem nicht, es fühlt sich hier nach „fake winter" an. Die Schilder für Schlittenhundetouren, Snowmobile-Ausflüge und Skipisten stehen zwar im Schnee, aber im Vergleich zu Nordfinnland fehlen die wirklich winterlichen Temperaturen, das geheimnisvolle Pastell-Licht, die klirrende Kälte, die einzigartige Landschaft der Tundra. Irgendwie seltsam alles, noch nicht mal auf den Bäumen liegt hier richtig Schnee!

Unser Ziel ist Røros, ein Städtchen, das komplett unter UNESCO-Weltkulturerbe-Schutz steht. Zu recht:

Das Örtchen mit seinen authentischen Holzhäusern strömt einen einzigartigen Charme aus. Und weil es nur eine kleine Tagesetappe von Trondheim entfernt liegt, haben wir auch genug Zeit, ausgiebig durch die Straßen und Gassen zu streunen und den romantischen Ortskern zu genießen. Das beruhigt die Seele! Hatte sich mir bisher keine einzige Schönheit Norwegens offenbart, so ist Røros genau das, was uns für das absolute Mistwetter, das auf die Straßen gestreute Salz und den Sturm an der Küste entschädigt! Wir nehmen uns Zeit für uns selbst, schlemmen in einem Café, spazieren durch die romantischen Gassen und fotografieren viel.

Hier wurde übrigens Pippi Langstrumpf gedreht! Vielleicht fühlen wir uns deshalb so wohl, weil wir in einem Kinderfilm herumspazieren? Außerdem gibt es hier absolut keine Touristen. Die Touristeninformation ist zwar geöffnet, jedoch erschreckt sich die Dame hinterm Tresen fast über unser Eintreten. Wir sind die einzigen Gäste in unserer Unterkunft, das ganze Örtchen scheint in Winterschlaf gefallen zu sein. Nur die Preise, die sind hellwach. Wir finden kein Restaurant, was in unserer Preisvorstellung genug Essen serviert und so entschließen wir uns zu einem gemütlichen Abend mit Keksen, Chips und Süßkram auf dem Zimmer. Mal keine Nudeln mit Sauce!

❄

09.01.2017, Møyrud: letzte Schneeflocken

Der Abschied von Røros fällt schwer, die Ruhe dort und die Tatsache, den Ort fast für uns allein zu haben, tut so gut! Noch etwas habe ich auf dieser Reise gelernt: Ich bin nicht „gemacht" für touristische Aktionen. Nachdem ich sechs Jahre als Reiseleiter „auf der anderen Seite" gearbeitet habe, fühlt es sich sehr fremd an, plötzlich auf der Seite des Gastes zu stehen. Insbesondere auf der Hurtigrute war ich fast genervt von der wirklich sehr guten Arbeit des Reiseleiters an Bord. Ich habe mich völlig fehl am Platz gefühlt und auch in anderen von Touristen überlaufenen Destinationen war mir nicht wohl in meiner Haut, ich habe mich verkleidet und unwohl gefühlt. In Røros war das nicht so, kein Touristenprogramm, keine Schwierigkeiten, ein Bett zu bekommen, kein Problem, einen Sitzplatz im Café zu finden. Sehr entspannend, da hatten wir wohl genau die richtige Jahreszeit erwischt!

Wir haben einen tollen Tag vor uns. Um Schnee und Eis noch mal richtig mit den Motorrädern zu genießen, haben wir uns eine 275 km lange Etappe durch die Wälder und Berge herausgesucht, auf der wir uns noch ein allerletztes Mal mit unseren Spikes austoben wollen. Und es ist so unglaublich schön! Sonne scheint in Norwegen auch im Süden gerade „aus" zu sein, aber der viele Schnee entschädigt für dieses kleine Manko. Und im Vergleich zu den vielen Kilometern im hohen Norden ist es taghell! Es fühlt sich fast wie „zu Hause“ an, es ist nicht dunkler als daheim zu dieser Jahres- und Tageszeit. Es macht Spaß zu fahren, aber die „Exotik“ ist eindeutig vorbei.

Einige Kilometer schneit es in dicken Flocken und bei angenehmen Temperaturen um die 0 °C lassen wir unsere zwei Süßen durch die weiße Winterlandschaft fliegen, dass das Herz fast überquillt vor Spaß und Freude! Nach fast drei Wochen Fahrt auf wechselnden Winteruntergründen sind wir absolut routiniert unterwegs, haben riesigen Fahrspaß, genießen die weißen Straßen, als hätten wir nie etwas anders getan, als durch Eis und Schnee zu flitzen!

Wann wir das wohl wieder erleben dürfen? Nur einmal haben wir heute etwa 15 km mit tiefen Eis-Spurrillen zu kämpfen, die dick im Neuschnee versinken und daher völlig unsichtbar für eine recht „schaukelige“ Fahrt sorgen. Ohne geringste Anzeichen versetzt es dort die ganze

Fuhre plötzlich um einige Zentimeter. Manchmal fühlt es sich auch an, als ob man zweispurig fährt: das Vorderrad in einer anderen versteckten Eisrille als das Hinterrad. Durch die warmen Temperaturen kommen wir tatsächlich ins Schwitzen. Wir erinnern uns wieder an die Worte des Busfahrers in Finnland, der uns vor der Einreise nach Norwegen über die winterlichen Straßenverhältnisse mit „Norway is not Finland!" warnte. Nach einigen tausend Kilometern in Norwegen, Finnland und Schweden müssen wir dem Busfahrer recht geben: Die gepflegtesten Eisstraßen haben die Finnen, gefolgt von den Schweden. Norwegen bekommt es irgendwie nicht ganz auf die Reihe. Die Straße, die jetzt bei uns für Schweißperlen sorgt, könnte man durch einfaches Abfräsen mit dem Schneepflug ganz leicht in eine „Eisautobahn" verwandeln, so wie es in Finnland und Schweden Usus ist.

Bevor wir die letzte Nacht in der „Zivilisation" in Oslo verbringen, wollen wir noch ein letztes Mal in einer Holzhütte übernachten, uns „Hüttenessen" kochen und ein letztes Mal „Skandinavienromantik" genießen. Wir finden „Møyrud", zwei unter Denkmalschutz stehende Holzhäuser aus dem Jahr 1800, in denen man übernachten kann. Es handelt sich dabei um winzige „Sklavenhäuser", die vor über 200 Jahren überall in Norwegen von den Bauern für ihre „Leibeigenen" inmitten ihrer Felder gebaut wurden. Die „norwegischen Sklaven" lebten dort mit bis zu acht Personen und schufteten ohne Lohn für die Bauern. Wurden sie zu alt oder arbeitsunfähig, wurden sie einfach auf die Straße gesetzt.

Diese beiden geschichtsträchtigen Häuschen werden von unserer Gastgeberin liebevoll eingerichtet vermietet und wir kommen aus dem Entdecken so vieler reizender Details nicht heraus. Ein absoluter Glücksgriff für unsere letzte „Hüttennacht"! Auch die Gastgeberin ist ein Glücksgriff. Als sie erfährt, dass wir auf Hochzeitsreise sind, bringt sie hausgemachte Plätzchen und heißen Punsch aus selbst hergestelltem Saft und legt uns

Schokoherzen auf die Kopfkissen. Wir fühlen uns in Bruchteilen von Sekunden unglaublich wohl!

Ein allerletztes Mal auf dieser Reise füllen wir unsere Bäuche mit Nudeln und Sauce, dann rollen wir uns in unserer historischen Hütte zusammen.

❄

10.01.2017, Oslo: Pökelsalz soll konservieren …

Schon die ganze Nacht wütete draußen mal wieder der Sturm, der Regen mit sich bringt, sodass am Morgen überhaupt kein Schnee mehr da ist. Aus und vorbei mit dem Winter, alles versinkt in grauer Matsche, das war's mit dem Winterurlaub! Wir genießen ganz gemütlich das beste Frühstück der Reise, das uns von der so herzlichen Vermieterin zubereitet wird. Uns fehlt es an nichts – im Gegenteil, wir überfressen uns maßlos an den vielen hausgemachten Leckereien, die so liebevoll auf einem mit Lichterkette und Kerzen dekorierten Frühstückstisch auf uns warteten.

Wir lassen uns viel Zeit mit der Abfahrt, denn vor uns liegen nur noch 120 km nach Oslo, wo wir ein Zimmer in einem voll automatisierten Hotel ohne Menschen reserviert hatten. Pet mag nicht anspringen, sie hat genauso wenig Lust auf dieses Wetter, die geplante Autobahnetappe und Oslo wie ich. Ich schätze, der blöde Regen und die sommerlichen Temperaturen haben zu etwas Wasser im Vergaser geführt. Zumindest ist uns beiden sehr warm in unseren dicken Motorradklamotten, bis Pet anspringt. Sie zeigt sehr deutlich, dass sie keinen Bock auf diese letzte Etappe hat, nach wenigen hundert Metern ploppt sie nämlich wieder aus. Da kein Schnee liegt und Eis auch der Vergangenheit angehört, zwinge ich sie bergab auf dem Feldweg dazu, doch wieder anzuspringen. Die Spikes und Stollen bohren sich tief genug in den Untergrund, um Pet beim Rollen anspringen zu lassen. Genauso widerwillig wie sie treten Jan und ich die letzte Etappe an.

Die Fahrt nach Oslo zieht sich wie Kaugummi. Statt Schnee gibt es nur Regen und aus irgendeinem Grund hat man einen Schneepflug auf die Straße geschickt, der mit 60 km/h vor uns her schleicht, imaginären Schnee von der Straße putzt und Salz hinterher wirft. Wir werden gepökelt wie die Schweine, die Salzbrühe läuft in jede Ritze. Ich habe so keine Lust mehr auf Norwegens Salzsiffe! In einem Tunnel gelingt uns schließlich das Überholen – und nun überholt man uns, denn mit den Spikes wollen wir nicht schneller als 90 km/h fahren. Wer weiß, wozu wir die noch gebrauchen können. Sie jetzt auf Asphalt unnötig abzuschleifen oder Stollen aus den Reifen zu brechen, wäre die Krönung des Tages. Also schleichen wir durch den dichten Verkehr dahin.

Obwohl der salzwerfende Schneepflug längst hinter uns liegt, geht die Pökelkur weiter. Jeder, der uns überholt, bringt ein „Wellnesspaket“ mit, eine Ladung Spritzwasser nach der anderen ergießt sich über uns. Nicht irgendein Spritzwasser, sondern satte Salzbrühe, was sonst! Gekrönt wird dieser schöne Fahrtag noch von einem dicken Stau, der erste unserer Reise. Irgendwann schaffen wir es zu unserem „automatischen Hotel“ in der Innenstadt Oslos. Check-In erfolgt an speziellen Terminals, die nach Eingabe von Buchungscode und Passdetails Schlüsselkarten drucken. Unser Zimmer ist einfach, aber groß genug, um unsere salzigen nassen Klamotten zum Trocknen aufzuhängen. Alles ist voll mit Salz, überall zeichnen sich dicke Salzränder ab. Soll ja haltbar machen, allerdings nicht unsere Motorräder. Weil wegen Winter (welcher Winter?) in Oslo keine Hochdruckreiniger verfügbar sind, rosten die beiden nun traurig vor dem Hotel vor sich hin und lassen das Salz munter aufblühen … Das waren eindeutig die blödesten Kilometer der Reise!

Zeit, an diesem Tag voll Ärger der Seele etwas Balsam zu spendieren! Wir laufen im Dunklen hoch zum Schloss, wo alles seinen Anfang nahm. Hier hatte mir Jan am 28.12.2015 die entscheidende Frage gestellt, dessen Resultat diese magische Hochzeitsreise ist. Zum Abschluss des Abends haben wir in dem indischen Restaurant einen Tisch reserviert, in dem wir nach meiner eindeutigen Antwort damals essen waren. Ein schöner Abend nach einem wirklich blöden Fahrtag. Auch ein Jahr später herrscht zwischen uns dieselbe Magie, dasselbe Knistern, dasselbe Gefühl. Wir haben drei wunderschöne, erlebnisreiche und einzigartige Wochen verbracht, eine unvergleichliche Hochzeitsreise erlebt, die uns noch mehr zusammengeschweißt hat, als wir uns das jemals hätten vorstellen können. Allen Prophezeiungen zum Trotz haben wir uns weder gestritten noch getrennt, haben das Nordkap unerwartet problemlos und entspannt erreicht und sind uns sicher: Wenn uns das nicht trennen konnte, wird auch nichts anderes uns trennen! Ist das etwa der Sinn einer Hochzeitsreise?

❄

11.01.2017, Ostsee: aus und vorbei

Frühstück gibt es im „automatischen Hotel" nicht, aber wir bekommen Rabatt in einer Bio-Bäckerei, in der es einen Haufen leckeres Zeug gibt. Wir haben Langeweile. Vor der Tür stehen Pet und Flöckchen und rosten immer noch traurig vor sich hin. Wir haben keine Lust, vor die Tür zu gehen, denn wir sind beide zum mindestens dritten Mal in Oslo und uns fällt nichts ein, was man bei grauem Winterwetter dort noch Spannendes tun könnte. Wir satteln schließlich irgendwann auf und unternehmen eine letzte Fahrt auf der Suche nach einer Tankstelle, die uns mit einem Hochdruckreiniger oder zumindest Gartenschlauch weiterhelfen könnte. Die Motorräder so salzverkrustet zu sehen, tut in der Seele weh!

Wir finden trotz Temperaturen deutlich über 0 °C nirgendwo an auch nur irgendeiner Tankstelle einen Wasserschlauch oder hilfsbereites Personal, sodass ich aus lauter Wut an einer Tankstelle mit besonders arrogantem Personal (es war schon zu viel verlangt, ein Sandwich einzupacken!) mit den Wassereimern zur Scheibenwäsche die gröbsten und dicksten Salzkrusten abwasche. Noch ein wenig mit der Gießkanne nachspülen – dann geht es mir und Pet besser!

Als wir zur von der Fährgesellschaft vorgeschriebenen Zeit im Hafen eintreffen, sind wir fast alleine. So ein riesiges Schiff und keiner will mit? Wir stehen uns die Füße in den Bauch, nichts passiert. Da kaum Fahrzeuge an Bord wollen, wird das Boarding einfach um eine Stunde nach hinten verlegt. Und wir stehen dumm rum. Hier entstand am 29.12.2015 die Idee zu dieser Reise, an deren Ende wir nun angelangt sind. Was damals nach „verrückter Idee“ klang, entwickelte sich dann doch recht schnell zu einem konkreten Plan und einem „Projekt“, das uns schon in der Vorbereitung sehr viel Spaß bereitet hat. Nun stehen wir im Hafen von Oslo und sind ratlos: Was könnte unsere nächste „verrückte Idee“ sein, die sich zu einem „Projekt“ entwickelt und so viel Spaß bringt? Unsere Winterausrüstung ist top und die Spikes und Reifen noch fast neu. Wir sind also quasi „ready to go“ – bloß wohin?

Im Vorfeld der Reise hatten wir Kontakt zu anderen Motorradfahrern, die im Winter ans Nordkap gefahren sind. Ausnahmslos alle sind danach wieder und wieder mit dem Solomotorrad ins Eis aufgebrochen. Vor unserer Reise konnten wir das nicht nachvollziehen. Warum sollte man sich das ein ums andere Mal antun? Jetzt, da wir selbst am Ende einer solchen Reise stehen, können wir es plötzlich verstehen. Es ist wie Magie im Winter des Nordens, das Licht in all seinen Pastelltönen, später das schwache „Tageslicht“, das von der endlosen Weite voll Schnee und Eis bläulich reflektiert wird, die Herausforderungen des täglichen Fahrens, die extremen Temperaturen, die auf unserer Route auf -37 °C während der Fahrt herabfielen … All das hat einen bleibenden Eindruck in unseren Herzen hinterlassen, die Sehnsucht nach „mehr“ geweckt. Wir vertreiben uns die Wartezeit im Hafen mit dem Planen weiterer möglicher Eisreisen, bis wir endlich an Bord rollen dürfen.

Und wieder haben wir Glück. Es ist kein Druckfehler, dass auf unserer Bordkarte „3* outside cabin“ steht, wir haben wirklich wieder eine luxuriöse Außenkabine bekommen! Weniger Glück haben wir – natürlich – mit dem Wetter. Schon im Oslofjord windet es stark und die See türmt sich schäumend um das Schiff auf. Norwegen zeigt sich noch nicht mal zum Abschied freundlich.

Wir hatten zum Abschluss der Reise einen Platz im À-la-carte-Bordrestaurant reserviert, wo ich nach der Hälfte meines sehr leckeren Fischgerichtes sicherheitshalber aufgeben muss, weil mir unwohl wird. Sicher ist sicher, den vollen Bauch buchstäblich zum „Überlaufen" zu bringen, ist auch das leckerste Essen nicht wert! Zur Show sitzen wir dann im Bug des Schiffes, das wild durch die Wellen springt, sodass ich es doch vorziehe, auf die Show zu verzichten und die Kabine aufzusuchen, um nicht doch noch Gebrauch von den Kotzetütchen machen zu müssen. Und greife zum ersten Mal auf dieser Reise zum Buch, das ich eigentlich für gemütliche Hüttenabende mitgenommen hatte. Keinen einzigen Abend der Reise kam mir auch nur der Gedanke daran, zu lesen, denn jeder Abend war gefüllt mit Aufgaben, sodass wir noch nicht mal viel Zeit für uns selbst hatten. Man könnte jetzt meinen, dass dies für eine Hochzeitsreise extrem kontraproduktiv sei, jedoch sind wir beide der Meinung, dass wir sehr viel gemeinsame Zeit verbracht haben.

Obwohl wir auf getrennten Motorrädern unterwegs waren, entstand trotzdem ein unglaubliches Gefühl der Nähe, wie wir es noch nie auf einer Motorradreise erlebt haben. Es war unsere erste Reise, die wir mit Intercoms gemacht haben. Die eigentliche Idee war die, nur kurz miteinander abklären zu können, wann wer wo Pipi möchte, Tanken muss oder eventuell technische Probleme hat. Unsere Freunde und Bekannten waren ebenfalls skeptisch, die meisten würden Intercoms nicht nutzen aus Angst, das Gejammer der mitreisenden weiblichen Personen nonstop ertragen zu müssen, wie: „Pipi, Hunger, kalt!". Doch für uns stellte es sich als das beste Ausrüstungsteil der Reise dar, das aus einer einfachen Tour zweier Individuen eine wirkliche Hochzeitsreise gemacht hat. Durch die Intercoms entstand eine beim Motorradfahren nie gekannte Nähe, die wir beide auch dann gefühlt haben, wenn wir gar nicht miteinander sprachen. Auch wenn wir somit abends wenig Zeit füreinander hatten, so hatten wir doch tagsüber viel gemeinsame Zeit, trotz getrennter Motorräder.

Während ich mich also zum ersten Mal auf der Reise in ein Buch vertiefe, genießt Jan die Show im Bug des Schiffes, dazu das erste und einzige Bier der Reise, und kommt dann auch zurück zur Kabine.

Gegen Abend beruhigt sich komischerweise die See und mir geht es wieder prima, obwohl wir Richtung Dänemark in den Skagerrak einfahren. Das norwegische Wetter war ganz klar gegen mich. Alles klar, ich habe verstanden, ich komme nicht mehr wieder. In die Finnmark, nach Lappland oder den hohen Norden Finnlands müssen wir aber bald noch mal hin: zum Snowmobile fahren! Die Donuts drehenden Jugendlichen auf ihren Snowmobiles am Polarkreis haben uns neugierig gemacht.

❄

12.01.2017, Hamburg: unser Leben als Hochzeitsreise

Bei spiegelglatter See laufen wir in Kiel ein. Hier war eigentlich der Plan, dass einer von uns im Hafengelände bei den Motorrädern bleibt, der andere per Taxi zu Kluti und zurück zum Hafengelände fährt, um einzuladen. Spikes sind in Deutschland ja verboten. Die Fähre ist aber so leer, dass kaum Autos herausrollen und nur sehr wenige das verräterische Geräusch von Spikes verursachen. Ein kurzer Rundumblick im Hafen: keine Polizei – also heimlich los mit den Spikes 5 km durch die Stadt bis zur Brücke, unter der Bernd vor drei Wochen Jans Iveco Daily „Kluti“ geparkt hatte. Wahrscheinlich war es der Polizei zu kalt oder finanziell nicht aussichtsreich genug, um die wenigen Fahrzeuge mit Spikes aus dem Verkehr zu ziehen.

Auf der Fahrt zu Kluti übersieht mich doch prompt ein Ford Fiesta, sodass ich mit den Spikes eine deutlich hörbare Querfurche mit dem Hinterrad in den Asphalt kratzen muss. Gefühlt ganz Kiel dreht sich nach Pet und mir um, doch weil nichts weiter passiert ist, setzen wir die Fahrt schnell fort und verladen Motorräder und Gepäck im Auto. Natürlich im Schneeregen, denn in Deutschland ist Tief „Egon" zugange und hatte seinem Kumpel „Axel" beim Schlechtwettermachen gut zugeschaut. Schön, die letzten Kilometer dann im Trockenen mit Heizung im Kluti bis Hamburg zurückzulegen!

Unsere gesamte Winterausrüstung, die Spikes und einige Liter Öl warten nun in einer Holzkiste auf den Transport zum nächsten Winterabenteuer. Doch bis Pet wieder auf Spikes über das Eis fliegen darf, wird sie mit mir das erleben, wovon sie und ich auf den letzten Kilometern bis Honningsvåg geträumt haben. Jan und ich haben es ihr noch nicht verraten, aber Träume sind dazu da, um sie zu erfüllen und Pet darf mit auf große Tour. Und wenn wir verrückt genug sind, geht die Holzkiste mit der Winterausrüstung per Fracht an einen besonders eisigen Ort in der Ferne, der Winter für Winter zu einer glitzernden, glasklaren Eisfläche gefriert und eine ähnlich magische Anziehungskraft besitzt, wie der Hohe Norden Europas. Die Idee einer zweiten Eisreise ist geboren …

„Echte Liebesgeschichten gehen nie zu Ende."

Marie von Ebner-Eschenbach

ANHANG

„Das wichtigste Stück des Reisegepäcks ist und bleibt ein fröhliches Herz."

Hermann Löns

Wir möchten mit diesem Buch zeigen, dass es durchaus möglich ist, ohne Expeditionsfahrzeug oder Gespann im Winter das Nordkap zu erreichen. Wir freuen uns, wenn wir mit unseren Zeilen den einen oder anderen Leser dazu motivieren können, sich auch auf eine Eisreise zu begeben. Es muss ja nicht das Nordkap sein – aber warum nicht?

Im Anhang möchten wir daher einen groben Überblick über unsere Ausrüstung geben und zeigen, dass eine solche Reise auch mit gefühlt uralten Motorrädern von weit über 20 Jahren und Ausrüstungsgegenständen ohne teures Markenlogo möglich ist. Wichtig ist letzten Endes nämlich nur, den Traum einer Reise auch umzusetzen.

Viele weitere Ausrüstungstipps, detaillierte Beschreibungen der Umbauten an den Motorrädern, wertvolle Techniktipps, Bezugsadressen unseres Equipments, eine ausführliche Manöverkritik zu Ausrüstung, Moppeds und Klamotten, Videos unserer Eisreise, viele Farbfotos, alle Vortragstermine und einige weiterführende Links gibt es auf unserer Webseite:

www.eisreise.wordpress.com

❄

Motorräder

Unsere beiden für diese Reise genutzten Motorräder sind schon etwas ältere Baujahre. Das kann ein Nachteil sein, aber auch ein Vorteil, denn beide haben keine empfindliche Elektronik, die unter Extrembedingungen spinnen könnte, und weil wir die Motorräder schon so lange kennen, hatten wir gehofft, eventuell unterwegs auftretende Probleme einfach aus dem Kopf und mit Erfahrung lösen zu können.

Für Jan war schnell klar: Er fährt mit seiner weißen Yamaha Super Ténéré namens „Flöckchen“. Sie kannte den Winter in Südnorwegen schon und hat auch Erfahrung mit Spikes auf Eis und Schnee. Sie ist Baujahr 1992 und hat mit ca. 180.000 Kilometern schon so einiges von der Welt gesehen.

Außerdem ist sie seit Jahren Jans Wintermotorrad und es kostet keine Überwindung, sie dem Salz auf den Straßen auszusetzen. Ihre große Lichtmaschine macht es einfach, Heizbekleidung und Zusatzscheinwerfer zu betreiben, ihr vergleichsweise hohes Gewicht, gepaart mit dem hohen Schwerpunkt erfordert allerdings ein gewisses Fahrkönnen.

Ich war früher mit meiner Suzuki DR800 viel im Winter unterwegs, hatte aber nach deren Verkauf kein Wintermotorrad mehr. Trotz reichlich Motorrädern in der Garage war keines richtig wintertauglich. Ein weiteres Motorrad musste also her. Ich entschied mich für eine

Suzuki DR350S von 1993, die mir mit nur 16.000 km von meiner Freundin Anke für die Hochzeitsreise verkauft wurde. Ein Kickstarter musste es für mich sein, denn ich vertraue E-Startern bei Minusgraden nicht. Dass man aber auch mit nur 350 Kubik und 27 PS prima reisen kann, hat „Pet“ bei einer Reise durch den Balkan im Mai 2016 schon bestätigt und wird es bei einer geplanten Langzeitreise erneut unter Beweis stellen. Ihre winzige Lichtmaschine war jedoch eine Herausforderung, sodass einige Modifikationen nötig wurden, um auch auf der DR350 elektrische Heizbekleidung und zusätzliche Scheinwerfer nutzen zu können.

❄

Generelle Vorbereitung beider Motorräder

Beide Motorräder hatten grundverschiedene Voraussetzungen, sodass jeder von uns noch einiges zu tun hatte, um die zwei für die Reise perfekt vorzubereiten.

Viele Vorkehrungen waren für beide Motorräder jedoch gleich und gelten sicherlich auch für jedes andere Motorrad, das im Winter zum Nordkap fahren soll.

Für uns war wichtig, uns auf ein Motoröl zu verlassen, das nicht nur bei dicken Minustemperaturen am Morgen pumpfähig ist, sondern auch während der Fahrt bei egal wie niedrigen oder hohen Temperaturen für optimale Schmierung sorgt.

Unser Motoröl kam letztendlich von Putoline, die uns nicht nur mit Öl großzügig unterstützt, sondern sehr viel Wissen vermittelt haben. Uns wurde das Nano Tech 5W40 empfohlen, ein vollsynthetisches Öl, das bis -32 °C pumpfähig bleibt. Wäre es nachts doch kälter geworden, so hätten wir mit dem benzinbefeuerten Campingkocher die Motoren von außen vorwärmen müssen, um das Öl überhaupt pumpen zu können. Ein dünneres Öl (0W…) könnte bei den alten Motoren kritisch sein und eher zu mehr Ölverbrauch als zu besserer Schmierung bei Tiefsttemperaturen führen. Die ersten 1.000 Testkilometer zeigten schon, dass unsere

„urzeitlichen“ Motorräder das hochmoderne Öl lieben! Kein erhöhter Ölverbrauch feststellbar, sanftes Schalten und Kuppeln – besser konnte es nicht sein!

Weil nicht jedes Motorrad auf einen „Ölwechsel“ so positiv reagiert, sollte vor der großen Fahrt immer eine ausgedehnte, bestenfalls mehrtägige Probefahrt stattfinden.

Unsere Antriebsketten wurden ebenfalls mit einem Putoline-Produkt gepflegt. Wir bekamen das Tech Chain Premium-Kettenschmiermittel ans Herz gelegt – und einige Sprühdosen davon geliefert. Jans Super Ténéré ist zudem mit einem automatischen Kettenschmiersystem, dem Scott Oiler ausgestattet. Dieser hat allerdings schon im einstelligen Minusgradbereich seine Arbeit eingestellt, sodass wir mit Kettenspray weiter gefettet haben. Bis zuletzt hatten wir jedoch Zweifel, ob das bei Temperaturen um die -20 °C und darunter auch wirklich einen Pflegeeffekt hatte.

Um insbesondere in feuchten, nasskalten Küstenregionen ein optimales Startverhalten zu erreichen, hatten wir außerdem noch zwei Kraftstoffadditive, die dafür sorgten, dass sich eventuell bildendes Kondenswasser gebunden wird und auch verhinderten, dass das Kraftstoffsystem einfriert. Dazu gab's den Tipp, im Winter niemals Benzin zu tanken, dem Bio-Ethanol beigesetzt wurde, denn dieser bindet Wasser und das ist im Winter äußert kontraproduktiv … Gegen Ende der Reise waren wir allerdings nachlässig mit Additiven, was Pets unwilliges Startverhalten am letzten Fahrtag nach Oslo erklären könnte. Der ruckelige Lauf bei -35 °C und kälter trat bei beiden Motorrädern trotz Additiv auf. Wir vermuten bei Pet, dass der Sprit durch die exponiert im Fahrtwind liegenden Tankhälften und ungeschützt geführten Spritleitungen schon stark „unterkühlt" im Spritfilter ankam und dort kleinste Kristalle hängen blieben und somit den Durchfluss verringerten. Das ist aber nur eine Theorie.

Pet war bisher noch nicht im Wintereinsatz und so tat es mir bei der ersten Fahrt im deutschen Streusalz-Siff sehr leid, sie dem Rost auszusetzen. Wir haben jedoch beide Motorräder sorgfältig mit dem PPF-52-Spray von Putoline eingesprüht, um so wenig Salz wie möglich an Metallteile kommen zu lassen. Der Spray bildet nach dem Auftrocknen eine Schutzschicht, die auch noch so sehr glänzt, dass unsere beiden Motorräder fast aussahen wie neu! Man sollte sich nur darüber im Klaren sein, dass an der wachsartigen Schutzschicht auch jeglicher Dreck haften bleibt und das Motorrad nach einigen tausend Kilometern unglaublich dreckig aussieht. Am Ende der Reise haben wir die Schutzschicht mit Motorradreiniger und Hochdruckreiniger problemlos wieder entfernen können – mitsamt dem Dreck. Trotz unvorstellbar dicker weißer Salzkruste in Oslo haben beide Motorräder dank des Schutzsprays keine neuen Roststellen bekommen. Eine ganz klare Empfehlung!

Um noch mehr dem bösen Rost vorzubeugen, wurden die Motorräder „nackig" gemacht und mit 1001

Penetrating-Spray von Putoline eingesprüht, das in alle Ritzen kriecht und auch dort hilft, vor Rost zu schützen. Pets schöne Ledersitzbank wurde sorgfältig mit dem Lederfett von Putoline eingerieben und auch das Schaffell bekam auf der Lederseite eine „Kurpackung", denn das Lederfett macht das Leder nicht nur schön weich und nährt es, sondern bildet eine wasserabweisende Schicht darauf. Es hat gewirkt: keine Wasserflecken oder Salzränder auf der blauen Ledersitzbank!

Die Erfahrungen zahlreicher Winterfahrten haben auch gezeigt, dass Streusalz und Feuchtigkeit der größte Feind sind, insbesondere der Elektrik. Um Kriechströmen und sonstigen „kleinen Elektrikfreu(n)den" vorzubeugen, haben wir (fast) alle Steckerverbindungen mit Wet Protect eingesprüht. Ein Spray, das Elektronik vor Nässe schützen soll und zumindest bei unseren Rallyemotorrädern bisher gut gewirkt hat.

Weil die Motorräder schon älter sind und wir keine Lust auf festgefrorene Bowdenzüge hatten, wurden Gas- und Kupplungszüge beider Motorräder ausgehängt und mit Waffenöl durchspült, um einem Festfrieren vorzubeugen. Waffenöl verharzt nicht und greift auch nicht die Teflonbeschichtung der Züge an, weswegen es das einzig richtige Öl für diesen Zweck ist.

Für einen warmen Popo und (wirklich!) unendlichen Reisekomfort auf langen Strecken bekamen beide Motorräder ein Schaffell auf die Sitzbank gelegt, das mit einfachen Gummilitzen befestigt wurde. Und: nein, das Fell saugt sich bei Regen nicht voll! Durch das im Fell enthaltene Wollfett Lanolin ist es natürlich imprägniert. Natürlich nur dann, wenn es nicht mit Chemie entfettet oder falsch gewaschen wurde … Nachts kommt das Kuschelfell einfach mit ins Zelt und funktioniert dort prima als Unterbett!

Unsere Reifen waren die Mitas Army Special, deren Stollen lang und breit genug sind, um mit Spikes bestückt zu werden.

Da wir die meisten Kilometer auf fest gefahrenem Schnee und vereister Fahrbahn zurückgelegt haben, waren kurze Spikes (1200er Best Grip) die beste Wahl – obwohl uns die schönen langen Motocross-Spikes ja sehr reizen … Ich habe in die Reifen meiner Pet 558 Spikes eingedreht. Die Reifen haben gehalten – und die Spikes auch! Wir haben weder Stollen noch Spikes verloren und man sieht beiden kaum die gefahrenen Kilometer an. Die Stollen sind noch recht „kantig“, was zeigt, dass wir sehr wenig (maximal 500 km) Asphalt gefahren sind. Auch sind die Spikes nur am Hinterrad ganz minimal abgenutzt. Wir werden den kompletten Radsatz auch weiterhin verwenden.

Kurioserweise sind bei meinem Vorderreifen und Jans Hinterreifen einige Stollen an der „Basis“ gerissen. Da es sich noch nicht einmal um denselben Reifen handelt, sind wir etwas ratlos, wie es dazu kam. Wir vermuten, dass während eines vollen Fahrtags bei konstant -25 °C und eines weiteren Fahrtags bei -36 °C das Gummi so hart wurde, dass die „Normalbelastung“ bereits zu Rissen führte. Bloß warum bei meinem Leichtgewicht „Pet“ nur vorne und bei Jan nur hinten?

Sehr effektiv erwiesen sich die Lenkerstulpen. Jan ist die ersten Tage sogar nur mit dünnen Handschuhen und Griffheizung gefahren, weil die Stulpen für genug Isolation vor eisigem Fahrtwind gesorgt haben. Er nutzte die (Second Hand gekauften) Stulpen von Wunderlich, die allerdings nur unter null Grad steif genug waren, um bequem hineinschlüpfen zu können. Bei norwegischem Regenwetter und Temperaturen über Null Grad klappten sie immer zu, sodass Jan Mühe hatte, wieder den Lenker zu greifen. Unsere Probefahrt daheim fand natürlich bei Frost und nicht bei Regen statt, ein einfacher Drahtbügel hätte geholfen! Meine „Eigenbau-Stulpen“ aus Isoliermaterial vom Baumarkt und einer schwarzen Plastiktüte hielten perfekt und boten all die Eigenschaften, die teure Markenvarianten auch für viel Geld verkaufen …

Besonders auffällig an der kleinen Pet: die große Windschutzscheibe! Sie ist ein eBay-Fundstück, Marke Slipstreamer, Modell Spitfire und schützt für kleines Geld vor eisigem Fahrtwind und winterlichem Wetter. Es ist erstaunlich, wie viel Wind und Kälte eine Windshield vom Körper abhält! Schon die erste Probefahrt bei 4 °C war wirklich beeindruckend! Bei der zweiten, langen Probefahrt sammelte sich alle Salzgischt vorneweg fahrender Fahrzeuge auf der Windshield und nicht auf dem Visier – sehr praktisch. Keine 30 € investiert und ein echter Komfort- und Wärmegewinn! Auch wenn sie mega hässlich ist und der kleinen Pet den „Big Bike Look" verleiht: eine Windshield hält so einiges ab. Als wir den ganzen Tag durch -25 °C kalten Nebel fuhren, war alles komplett vereist – außer meinem Oberkörper, der gut geschützt hinter der Windshield war. Einen besseren „Wirksamkeitsbeweis" gibt es nicht! Jans Flöckchen war ja als Reiseenduro schon ab Werk mit einer Windschutzscheibe ausgestattet.

Damit die Motorräder jederzeit sicheren Stand hatten und sich ihr Seitenständer nicht durch den Schnee bohren konnte und sich dann die Motorräder samt Gepäck zur Seite legen, wurde die Platte vom Seitenständer vergrößert. Das ist nicht nur im Schnee nützlich, sondern auch im Sand und immer dann, wenn der Asphalt so weich vor Hitze ist, dass der Seitenständer Löcher gräbt. Ich weiß, wie schnell eine Ténéré in sonnenheißem Asphalt über einen einsinkenden Seitenständer kippen kann …

❄

Elektrik

Wir haben einige Modifikationen unternommen, um beide Motorräder auf die Fahrt im dunklen Eis vorzubereiten. Nicht nur, damit wir genug Licht hatten, sondern auch, um uns warm zu halten. Am Ende war das Cockpit voll mit Steckern und Kabeln, von denen wir erst nach einigen Tagen auswendig wussten, was mit welchem Schalter wie genau bedient wird …

Bei einem der ersten Tests im Dunkeln stellten wir nämlich überrascht fest: Ohne Licht sieht man weder die Kabel noch die Stecker all unserer elektrischen „Helferlein" wie Heizvisier, Heizhandschuhe und Heizweste! Da wir nicht davon ausgehen konnten, die Motorräder immer genau unter einer Laterne zu parken, musste Abhilfe geschaffen werden. Eine ultrakleine, hochflexible LED-Kennzeichenbeleuchtung am Windshield sorgte dafür, dass wir auch alle Kabel und Stecker fanden, die uns warm machen sollen.

Ich schwöre ja im Winter auf Kickstarter, Jan vertraut dem E-Starter seiner Super Ténéré. Für den Fall, dass Pet nicht anspringen wollte, wäre sie sehr leicht anzuschieben gewesen. Jans Reisedickschiff dagegen ist auf Eis und Schnee nicht so agil und so haben wir an beiden Motorrädern Anschlussbuchsen für das „Bike Start"-Überbrückungskabel montiert, über das die kleine Pet der dicken Ténéré Zusatzstrom spenden kann, falls die Batterie aufgrund tiefster Kälte nicht mehr ganz so will, wie sie soll. Brauchte sie aber nicht, weil die neue AGM-Batterie immer genug Saft hatte.

Da wir im Norden nur etwa zwei Stunden pro Tag Dämmerlicht hatten, waren die CREE-Zusatzscheinwerfer Gold wert – allerdings mussten wir diese nicht mit Gold bezahlen, das Stück hat aus China runde 15 € gekostet und im Doppelpack das normale Aufblendlicht um ein Vielfaches überstrahlt. Kein Grund also für völlig überteuerte Zusatzscheinwerfer!

Um jederzeit einen Überblick über die Ladespannung zu haben, waren wir froh über die zusätzliche Anzeige. Eigentlich unnötig, weil wir richtig gerechnet und richtig umgebaut hatten, aber das Gewissen beruhigte sich doch immer wieder beim Blick auf die Anzeige. Alle Zweifler können verstummen, die Ladespannung der kleinen Pet sank weder bei niedrigsten Temperaturen noch beim Einschalten aller Verbraucher (inklusive Heizwäsche) unter 13,2 Volt. Der konsequente Umbau auf LED-Beleuchtung hat sich also voll und ganz gelohnt!

Jeder von uns hatte zwei USB-Ladebuchsen im Cockpit. Ursprünglich wollten wir damit unsere Intercoms während der Fahrt laden, jedoch hielten deren Akkus dreimal länger als angegeben. Als sie dann doch irgendwann leer wurden, weil weder -25 °C noch -37 °C zur normalen Betriebstemperatur gehören, war es uns einfach zu kalt, um mit Kabeln und Steckern herumzuhantieren. Auch wenn wir sie nicht benutzt haben, in Zukunft gibt es bestimmt eine

Verwendungsmöglichkeit dafür. Und sei es nur, um darüber das Handy zu laden.

An meiner Pet war ein nützliches Multifunktionsinstrument montiert, das nicht nur Uhrzeit und Außentemperatur, sondern auch Öltemperatur anzeigte. Im Prinzip unnötig, weil man an den Temperaturen wenig ändern kann, aber interessant war es allemal, insbesondere wenn die Temperaturen an unseren beiden Thermometern parallel nach unten fielen.

Das größte Problem bei der Vorbereitung von Pet war ihre mit nur 190 Watt Leistung doch recht klein dimensionierte Lichtmaschine. Weil Pet normalerweise ohne Batterie, sondern nur mit einem Kondensator fährt, bekam sie eine frische Batterie spendiert, die als Pufferspeicher dienen sollte, um auch bei geringer Drehzahl noch zumindest Strom für Licht und Blinker zu haben. Auch Flöckchen bekam eine neue, frische Batterie spendiert. Die Umrüstung aller Glühlampen von Pet auf LED-Lampen war einfacher gedacht als getan. Zunächst sei darauf hingewiesen, dass es in Deutschland verboten ist, mit LED-Beleuchtung am öffentlichen Straßenverkehr teilzunehmen. Dementsprechend schwierig gestaltete sich die Beschaffung der passenden Leuchtmittel.

Die H4 LED-Frontscheinwerferbirne kam aus China und sollte nur dann zum Einsatz kommen, wenn die beiden LED-Zusatzscheinwerfer ausgeschaltet sind, zum Beispiel im Stadtverkehr. Zusammen mit dem LED-Standlichtbirnchen streut das Licht im Scheinwerfer nämlich nicht ganz so, wie es soll, sodass es nur die „Notbeleuchtung" war. Für zukünftige Reisen wird das neue LED-Standlichtbirnchen aber bleiben, denn es ist wesentlich heller als das Original und verbraucht dabei nahezu keinen Strom. Ideal, um zum Beispiel bei Standlicht ein Zelt aufzubauen!

❄

Ausrüstung

Sehr skeptisch war vor allem Jan, ob ein Intercom nicht eher nervig als nützlich wäre. Nach drei Wochen sind wir uns aber sehr einig: Die SENA Intercoms haben aus dieser Motorradreise erst eine wahre Hochzeitsreise gemacht! Dadurch, dass wir miteinander reden konnten, entstand eine Nähe und Zweisamkeit, die wir beide noch nie auf zwei Motorrädern erlebt haben. Wir hatten uns für die SENA 10S und 10C entschieden, weil diese über eine große Reichweite (bis zu 1,6 km) verfügen. Das war im Falle der ersten Reifenpanne und bei Fotosessions extrem hilfreich. Da wir beide über dasselbe Fahrkönnen verfügen, hatten wir zunächst mit geringerer Reichweite geliebäugelt, haben nun aber den Nutzen einer großen Reichweite erkannt und diese ausgiebig genutzt.

Jan hatte bisher immer mit einer „handelsüblichen" Videokamera seine Reisen gefilmt, nun kamen mit der SENA 10C und der SENA Prism Actioncam toller Zuwachs zur Kamerafamilie. Die Prism haben wir mit meinem Intercom 10S gekoppelt, sodass ich sie während der Fahrt bedienen konnte – obwohl sie bei Jan am Motorrad befestigt war! Besonders interessant wurden Aufnahmen, bei denen Jan den Blick nach vorne mit seiner SENA 10C filmte und ich die Ansicht nach hinten zeitgleich mit der Prism aufnahm. Dazu noch die Möglichkeit, unsere Gespräche mit aufzunehmen, war ein Sahnehäubchen, dessen Nutzen wir auch erst nach ein paar Tagen erkannten: So entstanden wirklich authentische Aufnahmen! Die Akkus hielten übrigens weitaus mehr als versprochen! Bis zu einer Temperatur um -20 °C konnten wir uns den ganzen Tag über mithilfe der Intercoms unterhalten, bei -25 °C ging das immerhin auch noch zwei Stunden lang. Nur bei -35 °C war nach

30 Minuten „Sendepause“. Eine beachtliche und unerwartete Leistung! Wir bedanken uns bei SENA, die uns das Equipment zur Verfügung gestellt haben, um uns restlos davon zu überzeugen. Ohne die „SENAS“ wäre es keine richtige Hochzeitsreise gewesen, sondern eine Reise zweier Menschen, die mit zwei Motorrädern über drei Wochen hintereinander durch die Kälte fahren!

Unbezahlbar waren auch unsere „elektrischen Helferlein“. Sicherlich gibt es Methoden, sich auch ohne „Elektrikgedöns“ vor Erfrierungen zu schützen, aber nichts ist komfortabler als elektrisch beheizte Handschuhe und Schuhsohlen!

Wir haben uns aufgrund jahrelanger allerbester Erfahrungen für Equipment von www.heizteufel.de entschieden. Die Heizteufel-Heizsohlen von Jan (und auch meine akkubetriebenen) sind ganz sicher der Grund dafür, dass unsere Zehen bei Temperaturen von bis zu -37 °C nicht im Laufe des Tages abgefroren sind. Meine Heizteufel-Heizhandschuhe liefen in Kombination mit den „Selbstbau-Stulpen“ zur Höchstform auf, sodass ich während der ganzen Reise ihren Regler nicht ein einziges Mal auf „Maximum“ stellen musste. Absoluter Vorteil gegenüber anderen Heizhandschuhen: Die Heizdrähte (und keine Platten – die brechen nämlich schnell an den Lötstellen ab …) gehen um die Fingerspitzen herum und wärmen überall – nicht nur auf der Oberseite. Einfach klasse! Auch mit meinen „zarten Pfötchen“ passen die Handschuhe sehr gut, und obwohl sie warm, wasserdicht und elektrisch beheizt sind, bleibt das Griffgefühl super – ich habe alle „unsichtbaren“ Schalter in der Stulpe immer einfach ertasten und bedienen können. Vielen Dank an den lieben Heizteufel aus Berlin, der unser Vorhaben für völlig normal und unterstützenswert hielt und für warme Pfoten und Füße gesorgt hat!

Ein extra Komfortgewinn waren unsere Heizwesten. Jan hatte sich für die Akkuvariante entschieden. Super ist bei der Akkuvariante, dass es Jan bei (diversen) Schraubersessions (eine bei -18 °C) schön warm hatte. Meine Heizweste läuft über Bordnetz, was bedeutet, dass ich mich nur dann über mollige Zusatzwärme freuen kann, wenn der Motor der kleinen Pet läuft. Und da er das immer zuverlässig tat und ich daher nie schrauben musste, bin auch ich mit der „Bordnetzvariante“ super zufrieden – insbesondere deshalb, weil die Widder-Heizweste ihre Heizdrähte auch im Kragen hat. Bei Tagestemperaturen bis -10 °C haben wir die Heizwesten nur kurz abends genutzt, als unsere körpereigenen Heizkraftwerke an Leistung nachließen. An langen Fahrtagen bei -25 bis -37 °C liefen die Westen den ganzen Tag (bis zu sieben Fahrstunden) und haben nie Akkuladung oder Lichtmaschine überfordert.

Enttäuscht wurden wir von unseren Nolan-Heizvisieren. Jans stieg schon am ersten Tag aus. Das Kontrolllämpchen gaukelte Heizleistung vor, jedoch kam keine am Visier an. Mein Heizvisier hat bis -20 °C einwandfrei funktioniert, danach wurde es nutzlos, aber immerhin. Dem „deutschen Durchschnittswinterfahrer“ hilft das schon weiter! Das Visier kostet rund 100 €, doch dafür bekommt man billigste Materialien: Bei Zimmertemperatur sind die Kabel des Heizvisiers flexibel, kaum tritt man vor die Tür, stehen diese nur starr ab und man hat eine steife „Antenne“ am Kopf. Und das auch schon bei „deutschen Wintertemperaturen“! Zum Vergleich: Alle Kabel vom www.heizteufel.de-Equipment sind hochwertig silikonisiert und auch bei -37 °C noch flexibel und geschmeidig.

Der Klapphelm Nolan N104 war eigentlich praktisch – wenn er nicht zugefroren ist! Zweimal war ich in ihm gefangen, weil in den Mechanismus entweder Eisregen oder Schmelzwasser lief und dort gefror. Beim ersten Mal musste ich meinen Helm auf dem Kopf auftauen lassen. Beim zweiten Mal hat mich Jan mit etwas Gewalt aus dem Helm befreit. Nicht optimal gelöst von Nolan! Bei Konkurrenzprodukten sitzt der Mechanismus geschützt an der Seite des Helmes …

Weil Jans Heizvisier ja nie wirklich funktioniert hat, musste er mit völlig vereistem Visier kämpfen. Da konnte ihm die Scott Neopren-Sturmhaube aus dem Snowmobile-Bedarf extrem weiterhelfen, um sein Gesicht bei Extremtemperaturen vor Erfrierungen durch Fahrtwind zu schützen. Wir möchten uns nicht vorstellen, wie die Geschichte mit einer „normalen" Sturmhaube ausgegangen wäre! Übrigens, schon mal festgefrorene Wimpern gehabt? Dieses Phänomen durften wir beide kennenlernen: Durch die Kälte tränen die Augen etwas und beim Blinzeln verkleben dann die feuchten Wimpern miteinander, sodass man Mühe hat, mit der Kraft seiner Augenlider diese wieder zu trennen und die Augen zu öffnen – und das während der Fahrt!

Nachdem wir den ersten nächtlichen Schneefall schön verschlafen haben und am nächsten Tag die Moppeds regelrecht ausbuddeln mussten, haben wir besser auf die Wettervorhersagen geachtet und bei angekündigtem Schneefall die Motorräder abgedeckt. Dazu haben wir einfache Regenponchos aus Plastik genutzt und mit Wäscheklammern befestigt. Diese wurden in der Kälte jedoch so unflexibel, dass sie wie Papier rissen. Für zukünftige Eisreisen werden wir daher Ripstop-Nylon in dünnster Meterware passend zuschneiden und als Abdeckplanen verwenden.

Die extra dicken Hochgebirgs-Winter-Schlafsäcke kamen zum Einsatz – wenn auch nur zum Mittagsschlaf im Eishotel bei -8 °C und in Hütten, in denen das erlaubt war. Grundsätzlich sollte die Ausrüstung aber gut genug sein, um auch wirklich draußen campen zu können – bei jeder Temperatur! Und das hieße bei uns: -37 °C! Die Hochgebirgs-Daunenschlafsäcke (die wir schon hatten, also nicht extra angeschafft wurden) machen also Sinn.

Meine Ortlieb-Packtaschen haben allesamt auch bei tiefsten Temperaturen absolute Stärke gezeigt! Die Schnallen sind nicht gebrochen, was auf ihre Materialqualität schließen lässt. Zwar wird das Planenmaterial der Taschen unter -20 °C recht steif, doch behält es seine volle Flexibilität und damit den vollen Nutzen. Da manche Konkurrenzprodukte schon bei Zimmertemperatur steifer sind als Ortliebtaschen unter -20 °C, ist auch das eine mehr als eindeutige Empfehlung. Leider gibt es die Motorradtaschen ohne teuren Werbeaufdruck neuerdings ja nur noch gebraucht …

Der Türschlossenteiser kam unterwegs dreimal zum Einsatz: zweimal, um damit tatsächlich zugefrorene Zündschlösser zu enteisen, einmal, um damit zu versuchen, den festgefrorenen Tankdeckel zu lösen. Bei den Zündschlössern half er, beim Tankdeckel nicht, denn bei -25 °C ist der Enteiser gelförmig und nicht mehr flüssig. Also immer in einer Innentasche am Körper tragen, sonst enteist das Zeug nämlich gar nichts!

❄

Klamotten

Natürlich kann man sich nicht komplett elektrisch beheizen! Die Heizbekleidung macht nur Sinn, wenn sie von außen vor Wind und Wetter geschützt ist und möglichst dicht am Körper liegt, um mit geringer Stromaufnahme maximale Wärmeleistung zu bringen. Wir zogen uns beide in gefühlt unzähligen Schichten an, die alle unter unsere Thermokombis passten. Das Hauptaugenmerk lag dabei nicht nur auf Wärme bei geringem Gewicht, sondern ebenso auf Alltagstauglichkeit, um auch ohne Motorrad etwas zum Anziehen zu haben, das nicht ins Gepäck muss und so zu unnötigen Gepäckbergen führt. Ein Beispiel sind unsere Daunenjacken und die außergewöhnlich weichen Skihosen. Die machten im Winterkombi schön warm, sind aber auch bequeme, voll alltagstaugliche Hosen, wenn es ohne Motorrad nach draußen geht. So sollten die meisten Bekleidungsschichten nicht nur während der Fahrt eine Funktion haben, sodass wir – wie immer – auch im tiefsten Winter mit sehr wenig Reisegepäck auskamen.

Das Anziehen morgens dauerte immer gute 20 Minuten und war wirklich etwas nervig, aber absolut nötig. Ich möchte gern Schicht für Schicht aufzählen, in die wir jeden Morgen hinein- und jeden Abend wieder herausgekrabbelt sind:

Über der normalen Unterwäsche (Slip und BH für mich) haben wir eine Schicht Funktionsunterwäsche getragen. Meinen Oberkörper wärmte zunächst ein Thermoshirt von Decathlon, das auf der Innenseite mit einer Art Microfaserfrottee kuschelig warm und weich isoliert und eigentlich für den Radsport gedacht ist. Pet hat auch zwei Räder, dann passt das! Überzeugt hat mich der eng anliegende Schnitt mit eng anliegendem Kragen. Beides eignet sich hervorragend als erste Bekleidungsschicht, um direkt unter der Heizweste getragen zu werden.

Ich habe mir 2001 in Chile eine lange Unterhose aus 300er Fleece maßschneidern lassen, um damit im Winter auf dem Motorrad wärmer angezogen zu sein. Diese Hose existiert (und passt!) heute immer noch und hat die Reise ans Nordkap angetreten. Jan hat für die erste Bekleidungsschicht ein Set Thermounterwäsche aus weich angerauter Microfaser von Louis Motorrad favorisiert.

Über das langärmelige Thermowäsche-Oberteil haben wir beide die Heizweste getragen, damit sie so nah wie möglich am Körper für Wärme sorgt. Wir haben uns für zwei grundverschiedene Systeme entschieden: Jans Heizweste ist akkubetrieben, meine läuft über Pets

Bordnetz. Das Besondere meiner Widder-Weste aus den USA im Vergleich zu anderen Heizwesten ist der beheizte Kragen und der Vorteil, dass die gesamte Weste von Heizdrähten durchzogen ist, anstatt nur mit drei Platten an Brust und Rücken für Wärme zu sorgen. Die Weste liegt schön eng an, sodass kein Wärmeverlust entstehen kann. Jan hat sich ebenfalls aus den USA eine akkubetriebene Heizweste gekauft, die sehr gut funktioniert hat und sogar eine Fernbedienung besitzt, um ohne umständliches Ausziehen die Temperatur vom Lenker aus regeln zu können. Der Vorteil einer akkubetriebenen Weste ist der, dass sie natürlich auch ohne die Motorradelektrik schön warm macht, zum Beispiel beim nächsten Motorradtreffen, winterlichem Lagerfeuer, auf dem Weihnachtsmarkt und anderen Outdoor-Aktivitäten bei Winterkälte. Ich hatte zunächst auch eine ähnliche Akku-Heizweste bestellt, diese war aber auch in kleinster Größe zu groß.

Über die lange Unterhose kam dann die Skihose, die wir bei ALDI Süd für knapp zehn Euro gefunden haben. Ihr Außenmaterial ist sehr weich, der Schnitt sieht nicht nach Skihütte aus und in grau oder schwarz war sie eine gute Alltagshose abseits vom Motorrad.

Über die Heizweste kam bei jedem von uns grundsätzlich eine Fleecejacke, bei mittleren Eistemperaturen zusätzlich eine dünne Daunenjacke, die man bei wärmeren Temperaturen extrem klein zusammenknautschen und in der Innentasche der Jacke verstauen kann. Diese Jacken bekamen wir geschenkt, sodass wir nicht wussten, was wir da trugen: nicht daunendichte Jacken! Wir sahen schon am ersten Tag aus wie gerupfte Hühner, was der Wärmeleistung der Jacken jedoch keinen Abbruch tat.

Sanken die Temperaturen noch tiefer in den Keller, trugen wir über die erste dünne Daunenjacke noch eine zweite, ähnlich klein verstaubare und alltagstaugliche Daunenjacke. Jan und ich nutzen diese zweite

Daunenschicht schon lange auf Reisen und daheim als Alltagsdaunenjacke, sodass wir wussten, dass sie daunendicht sind. Diese zweite Daunenschicht war auch unsere „Ausgehjacke“ für alle Aktivitäten ohne Motorrad.

Über die Skihose habe ich dann Kniewärmer aus sehr dickem Lammfell gezogen. Zunächst eigentlich nur aus einem Grund: Die Wattierung des Teletubbies und der Skihose drückt sich bei angewinkelten Knien zusammen und verliert an Isolierkraft. Das dicke Fell der Kniewärmer jedoch nicht. Die Schafwollteile hatten zusätzlich zur hohen Wärmeisolierung einen weiteren Effekt: Die Knieprotektoren des Anzuges werden bei Kälte nämlich äußerst hart und unangenehm. Wie gut die „Wollknie“ das abpolstern, konnte ich spüren, als ich bei den „paar Kilometern zum Nordkap“ darauf verzichtet habe! Auch wenn ich mich beim Anziehen jeden Morgen um 40 Jahre gealtert gefühlt habe – die Teile haben wirklich doppelten Nutzen!

Sehr viel gebracht haben die Uvex Neopren-Überstiefel, die durch ihr 3 mm Neopren unsere Crossstiefel von außen gut isoliert haben und winddicht machten. Allerdings waren diese nicht wie angegeben wasserdicht, sodass sie nur als „Kälteschutz“ dienen und ansonsten nutzlos für den Einsatz in Mitteleuropa sind. Übrigens hat der „Praxistest“ ergeben: Yakwollsocken machen wärmere Füße als Schurwollsocken mit Wollfrotteesohle! Die Schurwollsocken taugten als „Hüttensocken“, die Yakwollsocken jedoch sorgen nicht nur bei Extremtemperaturen in der Mongolei für warme Füße.

Wir möchten auch im Winter nicht auf die Sicherheit eines exzellenten MX-Stiefels verzichten und haben uns daher für unsere Alpinestar Tech-Stiefel entschieden. Wir können Motorradreisende in Trekkingstiefeln nicht verstehen, denn erfahrungsgemäß wird weniger gewandert als Motorrad gefahren und die eigene Sicherheit geht immer vor!

Damit wir nicht nur von außen durch die Neoprenhülle warme Füße hatten, war etwas Basteln nötig. Mein Tech 8 ist zum Beispiel mit einem Innenschuh ausgestattet, der zwar die Sicherheit erhöht, das Einfügen von Einlegesohlen aber erschwert. Mit etwas Frickelei kamen echte Lammfellsohlen in die Stiefel, in die ich die Heizelemente der Therm-ic-Heizsohle eingebaut habe. Die Internetrecherche ergab, dass die Akkus meiner langjährig bewährten Skischuh-Heizsohlen zu schwach sind für die Nordkaptour. Auch die mit den über eBay-Kleinanzeigen von privat gekauften Therm-ic-Heizsohlen gelieferten Akkus waren zu schwach, um bei den zu erwartenden tiefen Temperaturen lange genug heizen zu können. Die Akkus sitzen ja an den Außenseiten der Stiefel und sind dem Fahrtwind voll ausgesetzt! Gut, dass Therm-ic verschiedene Akkus im Angebot hat, die einfach untereinander ausgetauscht werden können. Ich nutze schon seit fast Jahrzehnten elektrische Heizsohlen, die ich in alle möglichen Stiefel und Schuhe einsetzen kann – ob beim Wintergrillen im Schnee, dem Gang über den Weihnachtsmarkt oder bei kaltem Mistwetter. So habe ich jederzeit warme Füße.

Jan hat den Vorteil der großen Lichtmaschine von Flöckchen genutzt, um seine Füße elektrisch vor dem Erfrieren zu schützen. Die handgefertigten beheizten Einlegesohlen von Heizteufel haben gegenüber meinen Heizsohlen den Vorteil, dass die gesamte Sohle und nicht nur der Zehenbereich erwärmt wird. Letztendlich haben beide Varianten super für uns funktioniert, jedoch war bei uns beiden ab einer gewissen Außentemperatur die Heizleistung beider Systeme nur noch dazu ausreichend, die Zehen vor dem Erfrieren zu schützen! Immerhin! Wir möchten nicht wissen, was gewesen wäre, wenn wir ganz ohne „Schuhheizung" gestartet wären.

Übrigens waren wir für den Fall, dass wir einen Totalausfall unserer Elektrobekleidung erfahren hätten, trotzdem vorbereitet: Heizpads, die mit Eisenspänen gefüllt sind und unter Sauerstoffeinwirkung mindestens sechs Stunden lang eine angenehme Wärme um die 40 °C (oder mehr) entwickeln. Als meine Winterhandschuhe vor einigen Jahren in den Pyrenäen voll Wasser liefen, habe ich mir aus meinen Sommerhandschuhen und solchen Heizpads warme Winterhandschuhe gebastelt und die Technik im darauffolgenden Winter mit Crosshandschuhen verfeinert. Es funktioniert tatsächlich bestens! Zur Sicherheit kam eine „Familienpackung“ davon mit zum Nordkap, um im Falle eines (Stromaus-)Falles in Handschuhen oder Socken für Wärme zu sorgen. Außerdem können auch diese „Heizpäckchen“ dort für Wärme sorgen, wo sie gerade gebraucht wird: als Außenheizung vom Vergaser beispielsweise oder für Akkus, Handy und sonstige Technik. Benötigt haben wir sie nicht.

Ganz wichtig waren die Schuhspikes, denn diese verhalfen uns zu sicherem Anhalten und Laufen auf Schnee und Eis. Meist war es wesentlich einfacher, Motorrad zu fahren, als auf gleicher Oberfläche zu laufen! Jan hatte ja seine „Premium Spikes“ (15 €) daheim vergessen und noch schnell bei Tchibo Ersatz besorgt. Der war gleich am ersten Tag wieder verloren, denn die Metallspirale, die für zusätzlichen Grip sorgen sollte, führte eine zu innige Beziehung zu den Zacken der Fußrasten. Das finnische Modell, was darauf folgte, verzichtete auf die Metallspirale, hatte aber einzelne in Hartplastik gegossene Spikes, die sich beim Laufen recht schnell verabschiedeten und einfach aus dem durch die Kälte hart gewordenen Gummi herauslösten. Meine Spikes hielten vom ersten bis zum letzten Tag und sehen auch heute noch aus wie neu: Die Spikes befinden sich in zwei großflächigen Metallplatten unter Ballen und Ferse, die dick in Kautschuk eingelassen sind.

Über all die Klamotten kamen dann unsere speziellen Motorrad-Winterkombis: wasserdicht, dick gefüttert und mit allen Protektoren rundum sicher ausgestattet. Ohne Membrane, denn wir haben auf der ganzen Fahrt nur zweimal geschwitzt, die Temperaturen waren alles andere als schweißtreibend. Auch wenn uns prophezeit wurde, wir würden entweder im eigenen Schwitzwasser ertrinken oder wahlweise darin erfrieren – dazu kam es nie! Unsere beiden „Teletubbie-Anzüge" haben wir ja schon im Text in höchste Höhen gelobt und wir wiederholen dies an dieser Stelle nochmals: Wir können uns nichts anderes als einen Einteiler vorstellen, um lange Tagesetappen bis an die Grenze von -40 °C komfortabel zu überstehen! Der weite Schnitt erlaubt es zudem, bei extremer Kälte „Zusatzschichten" wie Daunenjacke und Skihose darunter zu tragen. Ein weiterer Hinweis darauf, dass die in Deutschland angebotenen Winter-Zweiteiler vielleicht nur im deutschen Winter taugen, ist die Beobachtung, dass im hohen Norden die Einheimischen selbst auch nur Einteiler tragen …

❄

Tipps und Tricks

Vieles, was uns unterwegs nützlich war, haben wir erst durch lange Gespräche oder Internetrecherche herausgefunden oder im Nachhinein erfahren. Oft sind es ja nur Kleinigkeiten, die den großen Unterschied machen und manchmal denkt man gar nicht an Effekte, die solch extreme Kälte haben kann – bis man ein Problem hat …

Da wir ja viel Zeit im Dunkeln verbracht haben, brauchten wir gute Stirnlampen. Diese sind nicht nur nützlich, wenn man unterwegs etwas beleuchten muss oder abends noch eine Kleinigkeit im Gepäck am Motorrad sucht, sie taugen auch gut als

Zusatzscheinwerfer. Dabei handelt es sich um die LED Lenser H7.2, die wir beide schon auf Nachtetappen der Rallye Breslau im finsteren polnischen Wald zu nutzen wussten. Durch den am Hinterkopf befestigten dicken „Batteriekasten“ war immer genug Strom da, wenn wir ihn brauchten.

Weil wir viele Dinge mit Akkus betrieben haben, die aufgrund der Kälte noch nicht mal einen Fahrtag durchhielten, kamen nicht nur jede Menge Ersatzakkus mit, sondern auch eine Mehrfachsteckdose und ein paar Mehrfachstecker, um jede Nacht alles mit Strom versorgen zu können. Erfahrungsgemäß haben Zimmer oder Hütten nämlich immer nur eine einzige Steckdose – und diese befindet sich im schlimmsten Fall hinter dem Kopfteil des Bettes.

Mit der Steckdosenleiste wurden dann unsere drei Kameras, beide Handys, Akkus von zwei Intercoms, zwei Laptops, meine Heizsohlen, Jans Heizweste und die Akkus der Stirnlampen jede Nacht „gefüttert“. Um Platz, Gewicht und Kabelsalat zu sparen, haben wir außerdem darauf geachtet, dass alle Ladekabel für die unterschiedlichsten Geräte möglichst kurz, also maximal 0,5 m lang sind. Zusätzlich kam ein USB-6-fach-Stecker mit, der es uns ermöglicht hat, nur mit den Kabeln und ohne zusätzliche Stecker zu reisen und an nur einem Steckdosenplatz bis zu sechs Geräte gleichzeitig über USB laden zu können. Klein, leicht, platzsparend und auch zu Hause praktisch!

Überhaupt ist „klein & leicht" das Stichwort schlechthin. Auch unsere Laptops fallen in die Kategorie. Um von unterwegs Blogposts und Tagebuch zu schreiben, Fotos zu sichern, Unterkünfte zu suchen, Routen zu planen und Wetterberichte zu schauen, reisen wir schon lange mit Minivarianten – noch bevor es Tablets gab! Ich hatte auf der Reise meinen Asus EE PC 900 dabei, Jan hat sich für die Reise ein Lenovo Miix310 gegönnt. Wichtig war, alle Elektrogeräte nicht sofort nach Ankunft in der warmen Unterkunft in Betrieb zu nehmen, sondern erst langsam akklimatisieren zu lassen. Ist es draußen -25 °C kalt, so ist auch der Laptop so kalt! Bringt man ihn dann in eine warme Hütte, bildet sich Kondenswasser, das zu Schäden führen könnte, wenn man das Gerät betreibt, bevor das Kondenswasser getrocknet ist. Wahrscheinlich hat dieser Effekt an meinem Eee PC den Alzheimer-Effekt verursacht. Wir haben erst hinterher einen Trick gelernt, wie man das vermeiden kann: am Morgen vor der Abfahrt die Geräte einzeln luftdicht verpacken! Dazu eignen sich einfache Zip-Lock-Beutel. Taut man die Geräte darin am Abend wieder auf, bildet sich kein Kondenswasser und man kann sie schneller wieder in Betrieb nehmen.

Alles, was wir nicht unter der Kleidung getragen haben, war am Ende eines Fahrtages tiefgefroren und so mussten wir auch bei Kleinigkeiten nachdenken, was eingepackt wird. Wir tragen beide Kontaktlinsen und die Flasche mit dem Kontaktlinsenpflegemittel wäre über Tag zum Eisblock gefroren. So hat jeder von uns eine Einmaldosis Pflegemittel in einer Innentasche am Körper getragen, um jeden Abend flüssiges Pflegemittel zur Hand zu haben.

Auch Shampoo und Duschgel wären allabendliche Eisblöcke, sodass das gute alte Stück Seife mit auf die Reise kam, um nicht eine gesamte Drogeriewarenabteilung über Tag am Körper tragen zu müssen. Logisch, dass auch das Deo nicht flüssig war und auch Rasierseife statt Rasiercreme ins Gepäck kam. Und weil auch Zahnpasta einfriert, kamen „DentTabs"-Zahnputztabletten in den Kulturbeutel. Die wiegen nichts, nehmen keinen Platz weg – und sind von mir seit Jahren auf vielen Reisen erprobt. Wie man uns erzählt hat, gibt es Zahnpasta, die nach dem Einfrieren nicht mehr in ihre ursprüngliche Konsistenz auftaut. Diese Erfahrung wollten wir nicht machen! Zudem sind Zahnputztabletten platzsparende Leichtgewichte, die auch auf anderen Reisen nützlich sind.

Um die Haut vor Erfrierungen und eisigen Umwelteinflüssen zu schützen, vertrauen wir grundsätzlich auf Naturkosmetik, die mit natürlichen Wachsen und Ölen die Haut vor Kälteschäden schützt. Hautcremes aus Erdölbestandteilen legen sich wie ein Film über die Haut, unter dem sich dann Feuchtigkeit sammelt, was zu Erfrierungen führen kann. Natürliche Öle und Wachse jedoch ziehen in die Haut ein und schützen und pflegen daher nicht nur unter Extrembedingungen besser. Auch wasserhaltige Pflegecremes können bei Eiseskälte zu Erfrierungen führen und sind daher nicht geeignet! Ich hatte bei -20 °C in der Mongolei und später in der Kälte Sibiriens mit der Cold Cream von Weleda beste Erfahrungen gemacht. Auch die Lippen wurden mit Lippenpflegestiften auf Basis pflanzlicher Wachse und Öle vor der Kälte in trockener Luft geschützt. Trotz allem führte die Eiseskälte zu einer echten „Lederhaut" im Gesicht! Weil wir an den Händen nicht konsequent gefettet haben, sprang die Haut dort so dermaßen auf, dass wir jeden Morgen in unseren Funktionsklamotten hängen blieben! Auch nachdem wir konsequenter fetteten, blieben die Hände unglaubliche Reibeisen …

Ein Phänomen, was wir beide schon aus den Anden, der äthiopischen Hochebene und anderen entweder hohen oder kalten Gegenden dieser Erde kennen, sind durch Kälte und trockene Luft aufreißende Nasenschleimhäute, die zu „Dauernasenbluten“ führen und die Nase dauerhaft verkrusten lassen. Sehr hilfreich ist da ein Nasenöl, zum Beispiel das von Abtei, das wie ein Nasenspray einfach anzuwenden ist und effektiv Nasenbluten vorbeugt. Eigentlich handelt es sich dabei nur um ziemlich teuer verkauftes Sesamöl, aber der kleine Sprayer macht es einfach praktisch und ist den Aufpreis wert. Dafür wurden wir zwar von anderen Winterfahrern müde belächelt, aber entweder gondeln diese nur bei sommerlichen Temperaturen bis -10 °C und norwegischem nassen Winterwetter durch den Schnee oder nehmen Dauernasenbluten einfach in Kauf …

Weil ich von einer Freundin gefragt wurde, was ich mit meinen Haaren gemacht hätte, geben wir dazu für Interessierte auch eine Antwort. Ich hatte eine 50 ml kleine Flasche Lavera Körperöl mit. Das diente nicht nur als ergiebige Bodylotion bei minimalem Packmaß, sondern wanderte auch in die Haare, um diese bei Kälte und extrem trockener Luft geschmeidig und frisierbar zu halten. Haarkur, Spülung, Bodylotion und sonstige Pflegemittel, die entweder nur einfrieren, schwer sind oder Platz im Gepäck einnehmen, konnten zu Hause bleiben.

❄

Eigene Vorbereitung

Zu guter Letzt darf man natürlich nicht vergessen, sich auch selbst für eine solche Reise vorzubereiten. Wer mit einer ähnlichen Reise liebäugelt, sollte der eigenen Sicherheit zuliebe über gute offroad-Fahrkenntnisse verfügen. Wie schon beschrieben: „Nichts hat uns zu Fall gebracht! Wir haben die komplette Eisreise sturzfrei geschafft – sicherlich aber auch, weil für die täglich wechselnden, teils doch etwas anspruchsvolleren Untergründe ein gewisses Fahrkönnen nötig (und vorhanden) war. Ich glaube, jeder von uns hat mehr als einmal pro Tag ein ausbrechendes Hinterrad wieder einfangen müssen, ein sich dumm einfädelndes Vorderrad wieder auf Kurs gebracht oder eine schlingernde Fuhre stabilisiert. Wir sind uns sicher, dass wir dies nur deshalb völlig entspannt und routiniert ‚nebenbei erledigt' haben, weil wir beide über eine gewisse Rallye-Erfahrung verfügen. Auch wenn das viele für ein gefährliches Hobby halten – uns hat es eine sichere, unfallfreie und sturzfreie Fahrt auf Schnee und Eis gebracht!" Auch Europastraßen sind im hohen Norden Schnee- und Eispisten!

Wir wünschen unseren Lesern viel Spaß und Erfolg bei der Umsetzung einer Winterreise. Es kommt letztendlich nicht darauf an, wie genau man es tut, sondern dass man es tut!

Silke & Jan Neumann

„Eines Tages wirst Du aufwachen und keine Zeit mehr haben für die Dinge, die Du immer wolltest. Tu sie jetzt.“

Paulo Coelho

Unsere Sponsoren

Wir bedanken uns bei unseren Sponsoren, die an uns und das Gelingen dieser besonderen Reise geglaubt haben:

DIRTBIKER MAGAZINE

heizteufel

HESSLER RALLYE TEAM
MARKETING/EQUIPMENT/ADVENTURE

Putoline® MOTORCYCLE OILS

SENA

Danke
an alle, die dazu beigetragen haben,
dass es dieses Buch gibt:

Jan, der solche Ideen nicht nur für normal hält, sondern auch mit umsetzt
Unsere Hochzeitsgäste und Freunde, die uns die Reise finanziert haben
Unsere Sponsoren SENA, Putoline, Heizteufel und DirtBiker Magazine für ihre Unterstützung
Anke, die mir das weltbeste Hochzeitsreisefahrzeug verkauft hat
Sten, Simon, Sjaak, Kolja und Hessler Motorsport für ihren Erfahrungsschatz rund um Suzuki DR350 und Solomotorradreisen im Winter
Martina, Graham, Joachim, Petra und Sjaak für ihre Beratung zu diesem Erstlingswerk
Sandra, mit der ich schon vor 30 Jahren beschlossen habe, Bücher zu schreiben
Und allen Menschen, die dazu beisteuerten, dass diese Reise nicht nur ein Erfolg war, sondern für immer in unseren Herzen verewigt sein wird!

Unsere Leseempfehlung

Unsere Eisreise war verrückt? Finden wir gar nicht! Aber was Dylan mit seinem Motorrad „Bruce“ erlebt hat, geht schon eher in diese Richtung …

Während Dylan in Sri Lanka in Armut aufwächst, träumt er von Abenteuern und sehnt sich danach, die Welt mit eigenen Augen zu sehen. Allen Widrigkeiten zum Trotz beginnt er viele Jahre später damit, seine Träume zu verwirklichen. Er reist mit seinem geliebten Motorrad namens Bruce auf über zweihunderttausend Kilometern durch fünf Kontinente. Auf dem Weg von Alaska nach Argentinien enden in Panama plötzlich alle Straßen. Aber nicht für Dylan. Am Ende der Straße beginnt für ihn das größte Abenteuer seines Lebens: Dylan baut ein vom Motorrad angetriebenes Floß und fährt damit während sechs Wochen über den Pazifik nach Kolumbien.

»Eine wahre Geschichte erzählt in großartiger Qualität.«
Schweizer Radio und Fernsehen

»Sehr wahrscheinlich das beste Reisebuch des Jahres.«
Overland Magazin, UK

»Dieser Reisebericht ist schlicht umwerfend und besitzt die Qualität eines herrlichen Romans.«
Lesefieber.ch

ISBN: 978-3-9524448-0-1
zuercher-publishing.ch